DAVID SERVAN-SCHREIBER

Médecin et chercheur en neurosciences formé aux
États-Unis, David Servan-Schreiber a créé et dirigé
un centre de médecine intégré à l'université de
Pittsburgh, où il enseignait en qualité de professeur
clinique de psychatrie.
David Servan-Schreiber s'est éteint le 24 juillet
2011, à l'âge de 50 ans, d'une récidive d'un cancer
du cerveau. En plus d'articles réguliers pour *Le
Monde*, il a notamment fait paraître aux éditions
Robert Laffont : *Guérir* (2003), *Anticancer* (2007) et
On peut se dire au revoir plusieurs fois (2011).

www.guerir.fr

ÉVOLUTION
Des livres pour vous faciliter la vie !

Tal BEN-SHAHAR
Apprendre à être heureux
Cahier d'exercices et de recettes

Jean-Michel COHEN
Objectif minceur
Mon programme pour maigrir semaine après semaine

Guy FINLEY
Pensées pour lâcher prise
11 exercices pour influencer votre destin

Daniel PINK
Les aventures de Johnny Bunko
Le seul guide de carrière dont vous avez besoin

David SERVAN-SCHREIBER
On peut se dire au revoir plusieurs fois

Robert SUTTON
Objectif zéro-sale-con
Petit guide de survie face aux connards, despotes,
enflures, harceleurs, trous du cul et autres personnes
nuisibles qui sévissent au travail

Richard THALER & Cass SUNSTEIN
Nudge
La méthode douce pour inspirer la bonne décision

On peut se dire
au revoir plusieurs fois

David Servan-Schreiber

en collaboration avec Ursula Gauthier

On peut se dire au revoir plusieurs fois

ROBERT LAFFONT

Pocket, une marque d'Univers Poche,
est un éditeur qui s'engage pour la préservation
de son environnement et qui utilise du papier fabriqué
à partir de bois provenant de forêts gérées
de manière responsable.

© Éditions Robert Laffont
ISBN : 978-2-266-22897-8

Ce livre est dédié aux cancérologues qui m'ont généreusement prodigué leur temps, leur science et leur soutien depuis la découverte fortuite de mon cancer il y a dix-neuf ans.

Il est aussi dédié à tous mes patients qui ont traversé des épreuves similaires. Ils m'ont montré le chemin de la force intérieure, du courage et de la détermination.

Je le dédie enfin à mes trois enfants, Sacha (seize ans), Charlie (deux ans) et Anna (six mois). Je serais terriblement triste de ne pas pouvoir les accompagner dans la découverte de la vie. J'espère avoir contribué à leur élan vital. Je garde espoir qu'ils sauront le cultiver dans leurs cœurs, et le faire jaillir face aux défis de la vie.

Mai 2011

Première partie

Le test du vélo

Ce jour-là, en sortant du centre de radiologie, je suis rentré chez moi à vélo. J'ai toujours adoré faire du vélo à Paris et je me souviens de ce trajet comme d'un moment privilégié. Évidemment, après la nouvelle que je venais d'entendre, il aurait été plus prudent de repartir en taxi, car les pavés inégaux n'étaient pas très indiqués dans ma situation. Mais précisément, après la nouvelle que je venais d'entendre, j'avais besoin d'air.

C'était le 16 juin de l'année dernière. J'avais passé une IRM, et le résultat n'était pas brillant. Les images montraient une boule gigantesque, tout infiltrée de vaisseaux, qui remplissait dans mon lobe frontal droit la cavité creusée par les deux opérations que j'avais subies bien des années auparavant. Mon cancérologue hésitait. Il ne croyait pas à un retour de la tumeur. Plutôt à un œdème impressionnant, formé tardivement en réaction à une radiothérapie antérieure. Mais il n'en était pas sûr. Nous devions attendre l'avis d'un radiologue, qui ne rentrerait que dans plusieurs jours.

Tumeur ou œdème, cette chose qui prospérait dans mon lobe frontal droit menaçait en tout cas directement ma vie. Étant donné son volume et la compression qu'elle instaurait dans ma boîte crânienne, il aurait suffi d'une faible variation de la pression interne – suite à une secousse, un choc – pour que j'y laisse la vie, ou que je reste handicapé. Et dire que je débarquais d'un voyage éclair de trois jours aux États-Unis, avec cette grenade dégoupillée dans mon crâne. Chaque trou d'air aurait pu signer ma fin.

En quittant le centre de radiologie, j'ai appelé ma femme. Je lui ai dit : « Ce n'est pas bon », et j'ai fondu en larmes. Je l'ai entendue éclater en sanglots à l'autre bout du fil. J'étais déchiré. Impossible, avec ce poids sur le cœur, de traverser la ville, enfermé dans une voiture. J'ai donc enfourché mon vélo, parfaitement conscient du risque que je m'apprêtais à courir.

Quand je raconte cet épisode à mes amis, ils me regardent avec un air d'incompréhension totale. Ils savent que je ne suis pas désespéré, ni même découragé. Pourquoi alors m'être exposé à ce risque insensé ? Avais-je cédé un instant à une pulsion suicidaire ? Ou à l'idée « romantique » d'une mort subite sur les pavés de Paris ? Avais-je eu la tentation de couper court aux mois de douleur et d'anxiété qui m'attendaient ?

En général, je réponds à ces questions par une boutade : « Je n'allais tout de même pas laisser mon vélo là ! J'y tiens beaucoup. C'est mon Tornado. Est-ce qu'on imagine Zorro abandonner son fidèle destrier quelque part dans la nature ? » La vérité, c'est que, malgré ce que m'en disait mon cancérologue et malgré l'envie que j'avais de le croire, je craignais le pire. J'étais au pied du mur.

J'ai eu soudain besoin de « tester » mon courage. De voir si, face à cette bataille décisive, j'allais pouvoir mobiliser autant de force que lors des deux opérations précédentes. Avec vingt ans de plus au compteur et dans la tête une tumeur – si c'en était bien une – bien plus volumineuse, j'allais avoir besoin de toute ma vaillance et de tout mon sang-froid.

Aussi fou, aussi inconsidéré qu'il puisse paraître, le « test du vélo » a rempli sa fonction : j'ai senti que mon plaisir de vivre était intact, et avec lui ma détermination. J'ai su que je n'allais pas baisser les bras.

Grosse fatigue

Des signes inquiétants avaient commencé à se manifester en mai, un mois et demi environ avant l'IRM. Je m'étais aperçu au fil des semaines que mes jambes se dérobaient, comme si elles se vidaient subitement de leur force. Je me souviens précisément de cet instant où, debout dans mon bureau, cherchant un livre dans la bibliothèque, je me suis retrouvé soudain à genoux par terre. Paf ! Sans aucun signe précurseur.

Quelques jours plus tard, j'ai reçu une journaliste de M6 qui voulait m'interviewer à propos de Bernard Giraudeau. Il allait très mal, c'est elle qui me l'a appris. J'étais profondément bouleversé en répondant à ses questions. À la fin de l'entretien, je me suis levé pour la raccompagner. Au moment de lui dire au revoir, je me suis effondré de tout mon long, l'entraînant dans ma chute. La caméra a basculé sur moi, la table basse s'est renversée avec ce qu'il y avait dessus, le thé, les tasses... Elle s'est mise à crier : « À l'aide, à l'aide ! », rameutant tout le bureau alors que j'étais affalé par terre. C'était assez embarrassant. La journaliste ne cachait pas son affolement. Je l'imaginais se disant : « Mon Dieu ! Deux Bernard Giraudeau d'un coup ! » J'ai tenté de la rassurer. « Je viens de rentrer des États-Unis, je suis en plein jet-lag. Et puis, j'ai la tête qui tourne depuis quelques jours. Mais ne vous inquiétez pas, je m'en occupe », lui ai-je assuré.

Ces symptômes ne collaient pas vraiment avec un problème neurologique, ni avec un retour de la tumeur. Sur le front du cancer, aucune lampe rouge ne clignotait. Mon dernier scan, en janvier, avait été parfait. Le prochain était prévu pour juillet. Après avoir envisagé différentes causes, j'ai fini par penser que mes faiblesses étaient dues à une anémie. J'avais en effet pris beaucoup d'ibuprofène pour soigner un mal de dos, et je pensais que ces doses avaient provoqué un ulcère du tube digestif qui me faisait saigner, entraînant cette anémie et ces vertiges. Je me suis promis de faire un check-up au plus tôt.

À cette époque, j'étais sans cesse par monts et par vaux à la suite de la publication d'*Anticancer*. Je donnais des conférences, je participais à des émissions de radio ou de télévision, spécialement en Amérique où le livre était accueilli avec intérêt. J'attribuais ma fatigue à ces vols répétés, au décalage horaire, au stress de la prise de parole en public.

Peu après mon interview avec M6, et bien que je ne me sente pas en forme, j'ai dû faire un aller-retour éclair à Detroit pour une importante émission de télévision sur une chaîne nationale. Quand je suis arrivé au studio, j'étais livide. J'ai dit à la maquilleuse : « Il va falloir que vous me transformiez. » Elle m'a répondu : « Ne vous en faites pas, vous aurez l'air d'avoir une pêche d'enfer. » Pendant les deux heures qui ont suivi sur le plateau, j'ai tiré très fort sur la corde : j'ai souri, j'ai eu l'air ravi d'être là et j'ai eu en effet une pêche d'enfer. Après quoi, à bout de forces, je suis rentré directement à l'hôtel pour dormir, car je devais reprendre l'avion le lendemain matin.

Le réveil a été encore plus laborieux, accompagné d'un mal de tête lancinant. J'ai eu beaucoup de peine à me lever, à avaler le petit déjeuner. En route pour l'aéroport, j'ai dû m'arrêter dans une pharmacie pour acheter du paracétamol. En cherchant dans les rayons, je me suis écroulé avec fracas sur une étagère, répandant tout son contenu par terre. On m'a aidé à me remettre sur mes pieds, on a insisté pour m'emmener à l'hôpital. Je ne voulais pas manquer mon vol de retour, je suis remonté dans mon taxi.

Mais je ne pouvais plus nier que quelque chose ne tournait pas rond. J'ai appelé du taxi un ami à Paris, lui demandant d'organiser un rendez-vous en urgence pour une IRM. J'ai également joint ma mère et je l'ai priée de venir me chercher à Roissy. Je sentais mes jambes si flageolantes que je craignais de ne pouvoir rentrer seul chez moi. Je suis d'ailleurs tombé à plusieurs reprises à l'aéroport de Detroit.

The Big One

J'ai passé l'IRM le lendemain de mon retour. Quand j'ai compris à quoi ressemblait cette grosseur qui avait poussé dans mon cerveau en l'espace de quatre mois, j'ai décidé, en toute conscience et à l'opposé de mon habitude, de ne pas voir les images du scanner. J'ai préféré ne pas me mettre de « mauvaises images » en tête, même si mon cancérologue excluait l'hypothèse d'une tumeur. À ce jour, je ne les ai toujours pas vues. Il ne s'agit pas d'une réaction superstitieuse. Je crois à la suggestibilité de l'esprit et à la force des images. Je suis persuadé qu'il vaut mieux éviter de regarder celles qui nous font trop peur, car la peur, comme dit si bien la sagesse commune, est mauvaise conseillère. Plus tard, quand j'ai appris que ce prétendu œdème était en fait une méchante tumeur, j'ai cherché à tout savoir sur elle pour pouvoir me défendre au mieux. Mais j'ai souhaité ne pas me laisser « parasiter » par des images si impressionnantes qu'elles risquaient de me saper le moral, de me faire penser : « Celle-là, je n'y arriverai pas. »

Y avait-il du déni dans ce choix ? Sans doute un peu. Mais des études ont montré que le déni n'est pas en soi, ni toujours, une mauvaise défense, surtout face à des pronostics ou à des statistiques sérieusement défavorables. En réalité, il existe deux types de déni.

Le premier concerne les personnes si effrayées par la maladie qu'elles préfèrent s'aveugler, quitte à ne pas se soigner. Ce déni-là est extrêmement dangereux. Le second est bien connu de tous ceux qui prennent au contraire soin de leur santé et qui suivent les prescriptions de leur médecin. Ceux-là savent bien qu'un état mental optimiste aide à vivre – sinon directement à guérir. Toute ma réflexion me conduit à penser que ce qui « aide à vivre » aide en fait la puissance de vie inhérente à tout organisme vivant. Et, inversement, tout ce qui ronge l'envie de vivre diminue nos capacités de guérison.

Malgré tout, un œdème, c'était plus rassurant. Bien sûr, une petite voix intérieure me soufflait : « Trop beau pour être vrai. » En attendant l'avis du radiologue, j'ai décidé de me rendre au Mans, où je devais prendre la parole devant deux cents journalistes venus assister à une conférence internationale sur le thème de la lutte contre la fatigue. Vu mon propre état d'épuisement, ça ne manquait pas de sel, mais je ne voulais pas me désister à la dernière minute.

La veille de mon intervention, dans ma chambre d'hôtel, je me suis écroulé en allant vers la salle de bains et j'ai dû me traîner jusqu'au lit. Au matin, j'allais mieux. En sortant du taxi, je suis tombé de nouveau. Difficulté supplémentaire, mes yeux étaient affectés d'un strabisme assez visible. J'ai un moment envisagé de faire ma conférence affublé de lunettes de soleil. Finalement, j'ai préféré donner le change en balayant largement du regard l'auditoire de droite à gauche durant toute la durée de mon speech. Personne n'a semblé remarquer que mes yeux partaient dans tous les sens.

Le lendemain, je devais rejoindre Cologne pour un rendez-vous de travail fixé de longue date. Comme je flageolais toujours autant, mon frère Émile a tenu à m'accompagner en train. En sortant de la gare, mes jambes se sont encore dérobées. Émile insistait pour m'emmener aux urgences. Je me suis souvenu des excellents neurochirurgiens que j'avais rencontrés quelques mois plus tôt à l'hôpital universitaire de Cologne, lors d'une formation de trois jours que j'avais donnée sur les thèmes d'*Anticancer*. Leur ouverture d'esprit, leurs approches ultrapointues m'avaient fortement impressionné. Nous avons appelé une neurochirurgienne avec laquelle j'avais sympathisé. Quand je lui ai décrit mon état et le résultat du scanner, sa réaction a été on ne peut plus claire : « Prenez un taxi, m'a-t-elle dit. Venez tout de suite ! » Ce n'était pas vraiment rassurant, mais en même temps je me suis senti fermement pris en main. On m'a fait passer en urgence une IRM. Cette fois le diagnostic était catégorique : ce n'était pas un œdème, c'était une rechute.

C'était même « la » rechute. La grosse, la méchante, la quasi-finale. « The Big One », comme disent les Californiens pour désigner ce terrible séisme qui se produira un jour sur la côte Ouest. Je savais que ça arriverait un jour. Je connaissais les pronostics de mon cancer. Tôt ou tard, ça allait revenir. Je pouvais retarder l'échéance, je pouvais gagner des années de répit. Je ne pouvais faire que cette tumeur disparaisse à jamais. Nous y étions. Le danger que je redoutais depuis longtemps s'était matérialisé.

Pour être tout à fait honnête, une partie de moi s'était mise à croire – en douce – que ça ne reviendrait pas. Mais la partie la plus raisonnable n'avait jamais

cessé de se dire : « Ça reviendra. » Et elle ajoutait :
« Quand ça reviendra, on gérera. »

Et c'est ce que j'ai fait. Comme le « test du vélo »
me l'avait laissé espérer, je me suis mis presque immédiatement en « mode gestion ».

Cologne au lit

La tumeur était tellement volumineuse, elle comprimait tellement mon cerveau que les médecins de Cologne ont décrété que je devais être opéré sans délai.

Dans mon infortune, j'avais beaucoup de chance. S'il y avait un hôpital où j'aurais aimé être opéré, c'était celui-là. Cette université présente en effet une spécificité rare et très précieuse à mes yeux : tout en étant en flèche dans les technologies de pointe, elle est également très ouverte aux interventions non conventionnelles. Mieux, elle n'hésite pas à les conjuguer : son département de médecines naturelles mène par exemple des recherches conjointes avec le département de chirurgie du cerveau sur des méthodes thérapeutiques combinant les deux approches, et ces recherches donnent lieu à des publications dans les meilleurs journaux de cancérologie ! À ma connaissance, aucun centre hospitalier français ne pratique ce fécond croisement des disciplines.

Lors de la formation que j'y avais donnée, j'avais fait la connaissance de neurochirurgiens dont les méthodes révolutionnaires m'avaient fort impressionné. L'une d'elles, en particulier, consiste à implanter – après l'ablation de la tumeur – des billes radioactives dans le cerveau, au cœur même de la région touchée par le cancer. Ces billes agissent alors de façon ultralocalisée pour détruire les cellules tumorales qui auraient échappé à la chirurgie. Infiniment plus précis que les radiations externes classiques dont le faisceau large attaque à la fois la tumeur et les tissus sains qui l'entourent, ce nouveau mode d'action entraîne beaucoup moins d'effets secondaires. Les neurochirurgiens de Cologne m'avaient assuré : « Nous avons de très bons taux de réussite avec cette méthode. Si votre tumeur devait revenir, n'oubliez pas que nous pouvons vous aider. »

Vu la gravité de mon état, tout déplacement était proscrit. Je ne pouvais plus rentrer en France, à moins que mon retour ne se fasse dans le cadre strict d'un rapatriement sanitaire. J'hésitais pourtant à me faire opérer sur place, car j'appréhendais l'éloignement avec ma « base », mais à l'hôpital tout le monde a été prévenant à mon égard. Certains médecins et infirmières parlaient même un excellent français, qu'ils ont été ravis de pratiquer avec moi.

Mes frères, mes amis me demandent parfois si, l'été dernier, je n'ai pas ressenti du découragement devant cette maladie qui s'acharnait, devant la nécessité de me faire opérer de nouveau, de nouveau une radiothérapie, de nouveau une chimio peut-être. N'ai-je pas eu au moins fugacement envie de renoncer ? Je leur réponds sans hésiter : « Pas du tout. » Ce n'est pas de l'héroïsme de ma part. Je pense que le découragement s'installe quand la souffrance dure trop longtemps. Ou les nausées, l'invalidité, l'humiliation – qui sont toutes des formes de souffrance. J'ai réussi jusqu'à ce jour à les éviter en grande partie. J'espère que cela durera.

J'ai tout de suite su, sans l'ombre d'un doute, que j'allais faire ce qu'il fallait pour lutter. J'allais trouver les thérapies conventionnelles les plus adaptées à ma situation. Et j'allais les renforcer par mon programme anticancer. Bien sûr, avec la baisse de mes forces, je devais limiter le volet exercice physique. Le vélo, par exemple, devenait trop dangereux. Une tumeur de cette taille, surtout dans le lobe frontal, multiplie les risques d'épilepsie. Il vaut mieux faire une attaque d'épilepsie à pied qu'à vélo… Mais rien ne m'empêchait de marcher, et j'étais bien décidé à le faire au moins une demi-heure par jour. De même, j'allais continuer le combat sur tous les autres fronts – nutrition, yoga, méditation…

Le club des vivants

Après Émile déjà présent, mes frères Franklin puis Édouard sont venus m'offrir leur aide. Leur présence a été vitale pour moi. Mon état de fatigue était tel que j'avais du mal à garder les idées claires. Il y avait une foule de tâches pratiques à accomplir : les admissions bien sûr, mais aussi les discussions avec les médecins pour savoir quelle serait la marche à suivre, comment j'allais devoir m'y adapter, ainsi que ceux qui allaient m'aider pendant cette hospitalisation. Était-ce la pression créée par la tumeur ? Je sentais mon cerveau se dérober, je n'arrivais plus à réfléchir, à prendre des décisions. J'avais besoin d'un soutien mental de la part d'une personne en qui j'avais toute confiance.

Ma femme, qui était enceinte, ne pouvait venir à Cologne aussi souvent qu'elle l'aurait souhaité. De plus, mon opération ayant été suivie par l'implantation de billes radioactives dans mon cerveau, j'émettais des radiations potentiellement néfastes pour le bébé qu'elle portait. Pour nous consoler de cet éloignement imposé, nous avons entretenu le contact à travers de longues et tendres conversations téléphoniques qui me rassérénaient beaucoup.

J'ai reçu comme un don du ciel l'appui de mes proches. C'est une chance immense d'appartenir à une famille nombreuse – quatre frères, une vingtaine de cousins et cousines, reliés par un sens très vif de solidarité – qui s'est resserrée d'emblée autour de moi et n'a rien épargné pour me venir en aide dans ce moment critique. Durant mon séjour à l'hôpital de Cologne, mes frères se sont relayés pour ne pas me laisser seul. Chaque soir, l'un d'eux dormait près de moi dans un lit de camp plus bas. Je me souviens de cette nuit où, en me levant pour aller aux toilettes, j'ai réveillé celui qui tenait ce jour-là le rôle d'ange gardien... en tombant sur lui. Le choc passé, nous avons bien ri.

Malgré la lourdeur de l'opération, nous avons tout compte fait vécu d'excellents moments ensemble. Le matin, nous écoutions de la musique, le soir, nous regardions des films. Pendant la journée, nous admirions les jolies infirmières allemandes, une activité que je recommande pour renforcer l'élan vital... Coup de chance, mon séjour a coïncidé avec la Coupe du monde de football que je suivais avec passion, réalisant enfin une vieille envie que j'avais longtemps négligée tant j'étais absorbé par mon travail.

La nourriture servie à l'hôpital était consternante. Elle se résumait bien souvent à une rondelle de salami et une tranche de fromage sous plastique posées sur du pain de mie – l'opposé quasi parfait de l'assiette anticancer... Ma mère s'était liée d'amitié avec la patronne du Bella Vista, une excellente trattoria du quartier : elles me gâtaient avec d'exquis plats méditerranéens qu'elles faisaient spécialement préparer pour moi.

Sacha, mon fils de quinze ans, est venu aussi. Je ne le vois pas souvent, car il vit aux États-Unis avec sa mère, et notre relation est pleine de blancs. Nous nous parlions bien sûr tous les jours au téléphone, et je sentais qu'il était très inquiet. Pas seulement pour ma santé, mais aussi, de façon plus souterraine, parce qu'il craignait que la maladie m'ait trop transformé. Le premier soir, nous avons passé un bon moment ensemble. Comme il partageait la même chambre que ma mère, il lui a fait cette confidence touchante : « Tu sais, je me sens beaucoup mieux maintenant, parce que c'est toujours le même papa. Il n'a pas changé ! »

Quand j'ai été en maison de convalescence, mes frères ont organisé le « roulement » des personnes qui me rendaient visite et qui passaient parfois la nuit dans une chambre du centre. Ce ne fut pas une mince affaire, car de nombreux amis sont venus me voir pendant ces deux mois à Cologne.

Tous ceux qui ont eu des problèmes sérieux de santé le savent. Quand on est malade et invalide, on se sent facilement très seul. On ne peut pas se tourner tout seul dans son lit, on ne peut pas s'asseoir tout seul sur une chaise, on ne peut pas téléphoner, ni répondre à ses emails. L'invalidité est non seulement pénible à vivre, elle entame le sentiment de dignité. Je me souviens qu'à l'hôpital, j'avais souvent l'impression de sentir mauvais, même si les infirmières m'aidaient chaque jour à me laver avec beaucoup de gentillesse. J'aurais voulu au fond pouvoir prendre une douche avant qu'elles viennent, pour leur éviter de subir un malade qui ne sentait pas la rose… Malgré tout, un entourage qui peut participer, c'est déjà une chance énorme. Pour un malade, ça change tout s'il peut compter sur une aide pour prendre une douche, se laver les dents, manger, s'habiller et se déshabiller, se mettre au lit ou se lever, etc.

L'aspect affectif compte aussi bien sûr. Plus on est malade, plus on se sent seul et plus on est anxieux et déprimé. *A contrario*, plus on est entouré et plus on reste connecté avec la vie et avec tout ce qui donne envie de vivre. Des choses très simples peuvent suffire : regarder un film ensemble, jouer aux cartes, se raconter des histoires, se remémorer des souvenirs, faire des projets de week-ends ou de vacances… Même s'ils doivent renoncer à leur mode de vie d'« avant », les malades ont besoin de sentir qu'ils continuent de faire « partie du club » – le club des vivants qui « font des choses » et « vivent leur vie ».

Retour dans l'aquarium

Ma vieille expérience des hospitalisations m'avait enseigné que quand on entre dans la phase de soins, ça « roule » presque tout seul pourrait-on dire. On ne se préoccupe plus que de ce qui va arriver le lendemain, ou même dans l'heure qui suit. On mène une multitude de petites batailles : se lever, manger, essayer de rester le plus confortable possible malgré le mal de tête, la nausée, les piqûres, les autres douleurs corporelles ; trouver la force de parler, d'écouter, de nourrir le contact… Ce sont des batailles minuscules, mais comme elles se succèdent sans arrêt, elles monopolisent toute l'attention. Il y a aussi des batailles plus importantes : les tests, l'anesthésie, l'opération, etc. Les forces qui subsistent, on les consacre à l'essentiel : préserver le lien avec sa famille, avec ses enfants, avec ses frères…

Je me souviens du mal de tête persistant dans les jours qui ont suivi l'opération, bien plus obsédant que tout ce que j'avais connu par le passé, et qui était dû à la taille de la tumeur qu'on venait de m'extraire. Une douleur qui bloque tout. On n'a plus envie de lire, plus envie de manger, ni de regarder la télévision. On n'a plus envie de rien. Heureusement, l'hôpital s'occupe désormais assez bien de cette question. J'ai pour ma part fini par demander de la morphine,

que l'on sait administrer aujourd'hui sans créer d'ac-
coutumance.

Parmi les « épreuves » que l'on doit subir à l'hôpital, l'anesthésie est de celles que je redoute le plus.
D'abord, on est piqué, et je n'aime pas les piqûres,
même si – ou peut-être parce que – j'en ai subi d'innombrables… Surtout, on perd tout contrôle sur sa
pensée. On est là, et soudain, plouf… plus rien. Cette
sensation de déconnexion totale est ressentie avec plus
d'effroi quand l'opération concerne le cerveau. Woody
Allen disait : « Le cerveau, c'est tout de même le deuxième organe le plus important… » Pour moi, c'est le
premier. J'y tiens beaucoup. J'y ai beaucoup consacré de ma vie, je l'ai musclé, je l'ai entraîné, je l'ai
préparé à certaines tâches. Qu'on m'en retire un gros
morceau est en soi une idée angoissante.

Je me rappelle ma peur, il y a bientôt vingt ans de
cela, la première fois que j'ai subi une chirurgie au
cerveau. Je savais que les chirurgiens taillaient aussi
« large » que possible autour de la tumeur, histoire
de laisser le moins de cellules malignes. Dès que je
m'étais réveillé de l'anesthésie, ma première action
avait été de faire « des gammes » sur le drap avec
la main gauche, pour vérifier qu'on ne m'avait pas
enlevé trop de choses importantes dans mon lobe droit.
Quand ma main avait obéi, j'avais éprouvé un énorme
soulagement.

Au-delà de l'aspect moteur, toucher au lobe frontal, c'est aussi prendre le risque – plus inquiétant –
d'entraîner des changements dans la psychologie, et
en particulier dans l'affectivité. En temps normal, on
n'a pas envie de changer d'affectivité. On a envie de
continuer à aimer ce qu'on aime, à être touché par
ce qui nous émeut, à détester, admirer ou mépriser ce

que nous détestons, admirons ou méprisons. Lors de ma première opération, j'étais terrifié à l'idée que je pourrais me réveiller avec une personnalité différente de celle avec laquelle je m'étais endormi. Allais-je me reconnaître à mon réveil ? Allais-je me retrouver cohabitant avec un étranger dans ma tête ? Ou bien : est-ce avec le temps que j'allais découvrir que je n'étais plus le même ? Au bout de combien de temps ? Et même à supposer que je me « retrouve » sans problème à mon réveil, comment pouvais-je être sûr que j'étais bien moi ?

Ce sont mes frères, déjà aussi présents et inébranlables dans l'épreuve, qui avaient calmé ces inquiétudes vertigineuses. Ils m'avaient dit qu'ils ne me trouvaient pas très changé. Tout au plus avaient-ils remarqué que j'étais plus « fleur bleue », que j'avais plus facilement la larme à l'œil, par exemple en regardant un film sentimental ou en écoutant de la musique. Après mon rétablissement, j'avais repris mon travail de psychiatre. J'avais remarqué que les gens m'émouvaient beaucoup plus. C'était en fait un changement considérable, surtout dans mon métier. J'avais découvert, avec émerveillement, que j'étais profondément touché par mes patients.

Bien sûr, le fait d'avoir traversé le miroir, d'être devenu moi-même un patient, d'avoir connu les angoisses, les peines et les espoirs d'un malade, ça aide à devenir plus humain, plus capable de se connecter avec notre condition commune. Mais je suis persuadé que dans mon cas la chirurgie a été déterminante, car je suis devenu spécialement sensible, et même excessivement sensible, comme si j'étais constamment sur le fil de mes émotions.

Reste que, l'été dernier, c'était la troisième fois que l'on touchait à mon lobe. La troisième fois que je courais peut-être le risque de « perdre mon âme ». C'est avec une appréhension réelle que j'envisageais l'anesthésie. Heureusement, cette fois comme les fois précédentes, j'ai constaté au réveil que j'étais à peu près la même personne. Très cotonneux, mais très soulagé de me retrouver, de retrouver les mêmes pensées tournant dans le même « aquarium » familier de mon esprit.

Le vampire de Louvain

Une semaine plus tard, on m'implantait les fameuses billes radioactives qui devaient « nettoyer » les cellules cancéreuses infiltrées dans des tissus peu accessibles au scalpel. Ces billes libèrent automatiquement leurs radiations jusqu'à ce qu'elles se tarissent. Leur effet, comme celui de la radiothérapie externe, n'est pas immédiatement mesurable.

Je souhaitais compléter mon traitement par une autre approche innovante encore au stade expérimental : le « vaccin » concocté « sur mesure » contre ma propre tumeur. L'hôpital de Pittsburgh où j'ai longtemps travaillé fait partie de la poignée de programmes dans le monde qui testent cette méthode fascinante dont l'efficacité est attestée sur certains cancers – et parmi eux des tumeurs du cerveau. Mais il était hors de question que j'entreprenne un voyage transatlantique. Par un heureux hasard, mon frère Franklin a appris qu'un malade avait bénéficié d'un traitement analogue non pas en Amérique, mais à Louvain, en Belgique, à 180 kilomètres de là ! Renseignement pris, l'équipe du professeur Stefaan Van Gool de l'université de Louvain s'est même révélée être tout à fait en pointe sur ce front, avec 170 cas traités. Le mien relevait bien de son protocole de recherche.

La méthode pratiquée à Louvain consiste à prélever 20 % des globules blancs du malade puis, au laboratoire, à les mettre en contact avec la tumeur obtenue par la chirurgie, ce qui a pour effet de les sensibiliser aux protéines présentes à la surface des cellules tumorales. Par la suite, les globules blancs ainsi « conditionnés » sont périodiquement réinjectés à leur « propriétaire » et agissent dans son organisme exactement comme un vaccin : ils alertent le système immunitaire contre tout élément suspect présentant ces protéines particulières à sa surface. Les petits soldats du système immunitaire vont alors traquer les cellules cancéreuses dans tous les recoins de l'organisme où elles pourraient s'être cachées.

Aucune autre méthode ne possède ce mode d'action extrêmement ciblé. Comparée à ces « frappes hyper-chirurgicales », la chimiothérapie fait figure d'attaque au napalm, voire de tapis de bombes. De plus, les résultats obtenus sont très appréciables. Selon les statistiques actuelles, le vaccin permet de « nettoyer totalement » 20 % des tumeurs. Un cinquième des cancers totalement guéris, c'est un score considérable.

Ce concept fascinant, qui consiste à informer le système immunitaire afin qu'il se mobilise à 100 % contre un ennemi clairement identifié, est actuellement utilisé contre les mélanomes, le cancer du rein et celui du col de l'utérus. À l'avenir, de plus en plus de malades pourront bénéficier de cette approche.

Peu de temps après la chirurgie, Franklin m'a emmené à l'université de Louvain pour me faire extraire mes globules blancs. Après traitement, ces globules devaient m'être injectés sous forme de vaccin une fois par semaine, puis une fois par mois.

Il m'a fallu tout d'abord subir la séance de préparation au cours de laquelle 20 % de mes cellules blanches allaient être prélevées. Une aiguille métallique a été insérée dans le pli de mon coude pour extraire tout mon sang et le faire circuler hors de mon corps, cinq fois de suite, en passant par une centrifugeuse qui séparait les globules blancs. Je n'ai pas pu m'empêcher de ressentir cette machine, qui suçait mon sang d'un côté et me le réinjectait de l'autre, comme une sorte de vampire. D'autant que le processus était horriblement long, ce que j'ignorais. Au bout de deux heures, alors que l'aiguille dans le pli du coude commençait à me lancer sérieusement, j'ai demandé au personnel soignant : « Il y en a encore pour longtemps ? » Ils m'ont répondu : « C'est presque fini, il ne reste plus que deux heures et demie. » Et je n'avais qu'un livre audio pour me faire prendre mon mal en patience, pas des plus gais qui plus est : *David Copperfield* de Dickens…

L'expérience a été si éprouvante que quand j'ai dû plus tard recommencer le processus pour une deuxième tentative de vaccin, j'ai pris mes précautions. Je me suis muni de deux vidéos, un dessin animé que je recommande hautement, *Spirit, l'étalon des plaines*, et l'inénarrable *Mme Doubtfire*. Dès mon arrivée, j'ai saisi mon courage à deux mains pour dire : « S'il vous plaît, pas d'aiguille dans le bras, ça fait trop mal. » La réaction des personnels m'a étonné : aucune mauvaise humeur ni contrariété ; au contraire, beaucoup de gentillesse et de compréhension. Ils ont trouvé une parade en posant un cathéter dans le cou, ce qui présente l'immense avantage de ne pas provoquer de douleur.

Cette petite aventure m'a fait comprendre une chose : il ne faut pas chercher à jouer au héros à l'hôpital.

En tant que médecin, j'avais plutôt tendance à dire :
« Pas de problème, allez-y, piquez-moi ! », alors que
je souffrais autant qu'un autre. Il a fallu que j'atteigne
le rivage de mes cinquante ans pour comprendre qu'il
valait mieux être modeste – et éviter de souffrir.

Douche froide

Un des signes du retour en force de la vie, après une intervention chirurgicale lourde, c'est la réapparition de l'appétit. On a de nouveau faim, on a envie d'aliments goûteux. Je garde un souvenir lumineux des déjeuners dans les petits troquets proches de l'hôpital. Attablé au soleil, en terrasse, devant un sublime plat de pâtes aux fruits de mer, je renouais avec le goût de vivre. Mais le signe le plus bouleversant, c'est le retour d'un autre appétit : le désir. La première fois que j'ai fait l'amour avec ma femme, je me suis senti redevenir un homme. Le désir et la tendresse tout à la fois, voilà toute la beauté du sexe. Même si une chambre d'hôpital qu'on ne peut fermer de l'intérieur n'est pas le lieu idéal pour des retrouvailles romantiques...

De retour à Paris, j'ai repris une vie à peu près normale. Je ne pouvais plus circuler à vélo, ni aller au bureau. Je devais me reposer, faire quotidiennement une longue sieste. Mais mes jambes s'affermissaient, mon œil gauche revenait dans l'axe, mon strabisme s'estompait et je pouvais de nouveau lire. Je me suis remis à travailler chez moi, à répondre à ma correspondance, à donner des interviews par téléphone. J'ai même pu aller faire une conférence sur les médecines alternatives devant l'Académie royale de chirurgie de

Hollande. Cette Académie n'est pas a priori l'auditoire le plus favorable à ce genre d'approche, et je n'étais pas exactement au mieux de ma forme. J'ai senti que je réussissais tout de même à réveiller l'intérêt de mon public. J'étais en bonne voie, bien décidé à faire confiance au vaccin.

La première IRM de contrôle, en octobre, n'a montré aucune ombre suspecte. D'ailleurs je ne présentais aucun symptôme, pas l'ombre d'une migraine ni de jambes en coton. Mais la seconde IRM, en décembre, a été une douche froide : la tumeur, ou plutôt une tumeur, était revenue. Ma femme, qui était à un mois d'accoucher, avait tenu à m'accompagner au centre de radiologie. Elle était présente à l'instant où l'on m'a communiqué le résultat. Sa peine était indescriptible. Nous étions tous les deux si affectés que nous avons dû nous asseoir un moment dans la salle d'attente. Puis nous sommes allés déjeuner dans un restaurant proche de l'hôpital. Nous nous répétions : « Ça y est, on repart, on replonge », en pleurant devant nos assiettes. « On va faire tout ce qu'il faut faire, comme toujours, et on va y arriver, m'a dit Gwenaëlle. Je serai là pour toi. »

Dans ces circonstances critiques, la focalisation sur l'action est la meilleure sauvegarde contre le désespoir. Mais il faut d'abord reconnaître que la situation est émotionnellement très dure, il faut se rappeler qu'on sera ensemble dans ce bateau avec son conjoint, avec ses proches. On peut alors affronter les décisions pratiques et s'engager pour de bon dans l'action.

La nouvelle tumeur avait repoussé au même endroit, mais elle était heureusement beaucoup moins grosse et beaucoup moins agressive. Probablement une mutation de la précédente, ce qui pouvait expliquer l'inefficacité du vaccin. Les médecins m'ont dit : « C'est parfaitement accessible à la chirurgie, on peut réopérer tout de suite. » Je n'ai pas eu le temps de me laisser aller au découragement. J'étais opéré une semaine plus tard.

L'excroissance étant cette fois très petite, les chirurgiens ont pu la retirer entièrement. L'opération était tellement réussie qu'aucune radiothérapie complémentaire n'était nécessaire et j'ai pu quitter rapidement l'hôpital. J'ai décidé de ne pas aller en maison de repos pour ma convalescence. Ma femme était en effet sur le point d'accoucher et je tenais absolument à être présent pour la naissance de ma fille Anna. Cette magnifique aventure, je voulais en être.

Quant au vaccin, il fallait tout reprendre à zéro. La nouvelle tumeur étant une mutation, il fallait fabriquer un nouveau vaccin sur mesure pour espérer la contrer. Certes, la première tentative n'avait pas été concluante, mais c'était un bon plan. Je n'avais pas oublié les statistiques : 20 % de réussite complète. C'était suffisant pour mériter un second essai.

Cinquante ans :
l'éléphant, le crâne et le vent

Le vaccin n'a pas suffi pour stopper le cancer. Fin février, après les quatre premières injections de vaccin, une IRM de routine a révélé ce que les radiologues appellent des « zones de contraste ». En clair, des zones de prolifération cancéreuse. En une semaine, des symptômes significatifs sont apparus : maux de tête persistants, jambe gauche traînante, main gauche rétive. Les médecins ont conclu à une nouvelle progression du cancer, assortie d'un œdème qui comprimait la zone du cortex chargée de la coordination motrice. Cette fois, les neurochirurgiens ne pouvaient pas opérer : il n'y avait pas de tumeur nettement délimitée, seulement des cellules cancéreuses diffuses que le scalpel ne pouvait aller chercher une à une.

À Louvain, on m'a expliqué que l'incapacité de ces cellules à se tumoriser était au moins partiellement due à l'effet du vaccin. Ce dernier contribuerait à maintenir une pression immunologique suffisante pour tenir la prolifération en lisière. En attendant, des cellules malignes ont infiltré des régions de mon cortex moteur droit, sapant ma capacité à mouvoir ma jambe et mon bras gauches. Avec mon médecin en qui j'ai toute confiance, nous avons opté pour un traitement antiangiogénique (Avastin) parallèlement aux injections de vaccin.

Depuis quelques semaines, je ne peux plus taper à deux mains sur un clavier et j'ai beaucoup de peine à marcher. Je suis souvent fatigué. La lecture est de nouveau devenue difficile. Comme je perds la voix, je parle très bas, comme quand on chuchote à l'oreille de quelqu'un. Je m'économise, conscient que j'aurai besoin de toutes mes forces pour remonter la pente.

Cette année est l'année de mes cinquante ans. Avec l'aide de mes frères, j'ai donné une fête un soir d'avril baigné de la douceur du printemps parisien. J'y ai convié tous ceux que j'aime. Certains de mes amis étaient au courant de mon état, d'autres moins. Je voulais être celui qui leur annoncerait la nouvelle et nommerait les choses. J'ai beaucoup réfléchi au petit speech que j'allais faire. Fallait-il mettre les points sur les *i*, citer des termes techniques et des statistiques ? Ou bien valait-il mieux rester dans le flou ?

J'ai opté pour la franchise. D'abord parce que le tournant pris par ma maladie se manifeste par des signes évidents : la voix qui faiblit, la jambe et la main gauches qui flanchent. Mais aussi parce que, pour cet anniversaire qui sera peut-être le dernier que je passerai en la compagnie de mes amis, je voulais dialoguer avec eux à cœur ouvert. Comme disent les Américains, quand il y a « un éléphant dans la pièce », il ne faut pas faire semblant de ne pas le voir, il faut en parler et l'appeler par son nom.

Ce soir-là, j'ai appelé l'éléphant par son nom. J'ai donné toutes les précisions. Je les répète aujourd'hui aux lecteurs qui m'ont fait l'honneur et la joie d'apprécier mon travail. Voici :

Depuis la rechute de mon cancer en juin 2010, j'ai subi trois opérations, une radiothérapie, deux protocoles de vaccin et un traitement antiangiogénique. La forme sous laquelle est revenue cette tumeur est beaucoup plus agressive que celle avec laquelle j'ai vécu pendant dix-huit ans. Il s'agit d'un glioblastome de stade IV, dont les pronostics sont parmi les plus mauvais de tous les cancers, avec une médiane de survie de quinze mois. Cela signifie que la moitié des personnes atteintes de cette tumeur vivent moins de quinze mois après le diagnostic, et l'autre moitié plus de quinze mois. En cas de rechute, les chances de survivre au-delà de dix-huit mois sont quasi nulles.

J'ai décrit mon plan de bataille pour mettre toutes les chances de mon côté, en m'appuyant à la fois sur des médecins exceptionnels et sur les actions complémentaires du programme anticancer.

Peut-être ne fêterai-je pas mon cinquante et unième anniversaire. Mais je suis heureux d'avoir été porteur de valeurs auxquelles je reste extrêmement attaché. Cet ensemble de valeurs, qui n'a pas vraiment de nom en français, est appelé en anglais *empowerment*. Nos amis canadiens le traduisent par le néologisme « empuissancement ». Il s'agit de la capacité vitale de reprendre le pouvoir sur soi-même. Je suis très fier d'avoir contribué à faire avancer cette idée dans mon domaine, la médecine – même s'il reste du chemin à faire.

Il y a une très belle image dans le roman *Vendredi ou les Limbes du Pacifique*. Michel Tournier y parle d'un crâne de buffle suspendu à un arbre, dont une musique s'échappe lorsque le vent passe à travers. Qui fait la musique : est-ce le crâne, le vent, ou la rencontre des deux ?

La créativité, c'est pareil : chacun de nous, au fil de la vie, des expériences, est comme ce crâne de buffle au travers duquel souffle la vie, générant une mélodie tout à fait inédite. Quel sentiment jubilatoire de s'apercevoir qu'il n'est pas besoin d'être un artiste pour vivre sa vie comme un processus créatif !

Ce que j'ai appris d'essentiel dans les vingt dernières années de ma carrière scientifique, c'est aussi la plus grande découverte de l'écologie moderne : il s'agit de l'idée simple et fondamentale que la vie est l'expression de relations au sein d'un réseau, et non pas une série d'objectifs ponctuels poursuivis par des individus distincts. C'est aussi vrai des fourmis, des girafes, des loups que des humains. Pour ma part, c'est à travers mes relations avec tous ceux qui se passionnent pour ces idées d'écologie humaine que j'ai eu la chance d'exprimer ma créativité et de contribuer à la communauté. Qu'ils en soient remerciés.

Deuxième partie

« Tout ça pour ça ? »

J'émergeais lentement du cirage. Trois jours après l'opération en juin, j'ai reçu la visite de mon ami Régis Debray, qui était de passage à Cologne. Il s'est assis près de mon lit et m'a glissé d'un ton plein de bonhomie : « Alors, les framboises et les brocolis, ça ne suffit pas ? »

Quelque chose me dit, cher lecteur, que depuis que vous avez ouvert ce livre, vous vous posez la même question. L'auteur d'*Anticancer* en proie à une grave rechute, peut-être mourant... Ou peut-être – c'est une hypothèse que je ne peux exclure – déjà mort au moment où vous lisez ces lignes... Tout ça pour ça ? Ces milliers d'articles scientifiques passés au peigne fin, ces recherches épluchées, ces résultats croisés, soupesés, ce programme de lutte anticancer soigneusement mis au point, mis à jour, assorti de force recommandations et mises en garde... Tout ça pour se retrouver encore une fois avec une grosse boule dans le cerveau, encore une fois sur le billard, entre les mains des neurochirurgiens et des cancérologues ?

Cher lecteur, je sens votre foi dans les framboises et les brocolis vaciller. Et aussi votre foi dans l'exercice physique, le yoga, la méditation, la lutte contre le stress... Je vous entends murmurer : « Après tout, si David lui-même, qui est l'illustration vivante de

47

cette approche, qui pense anticancer, mange anticancer, bouge anticancer, respire anticancer, vit anticancer, est sur le flanc, que reste-t-il d'*Anticancer* ? »

Vous imaginez bien qu'après Régis, cette question m'a été posée par de nombreuses personnes. Vous imaginez bien que je n'ai pas attendu qu'on la soulève pour y réfléchir. En fait, ma rechute m'a amené à me poser plusieurs questions connexes. Ce sont les interrogations les plus graves, peut-être les plus importantes, de ma vie.

Voici comment je formulerais la première : « Les méthodes que je défends dans *Anticancer* sont-elles toujours valides à mes yeux, ou bien dois-je reconnaître qu'elles n'offrent pas de protection contre les rechutes ? » Ma réponse est bien sûr : « *Anticancer* n'a rien perdu de sa validité. » Je m'en expliquerai plus bas.

Mais cette réponse appelle immédiatement une autre question : « Puisque les méthodes anticancer n'ont rien perdu de leur validité, pourquoi ne m'ont-elles pas protégé ? » Ou plutôt : « Si l'on admet qu'elles m'ont efficacement protégé depuis ma précédente rechute, pourquoi ont-elles cessé de le faire ? Pourquoi maintenant ? » Cette interrogation m'a obligé à faire une sorte d'« examen de conscience », comme disent les chrétiens, ou d'« autocritique », comme diraient les Chinois. Je dois reconnaître que je n'ai pas été, au cours de la période récente en tout cas, une excellente illustration du mode de vie anticancer.

Et c'est ce qui m'amène à la troisième question, plus profonde, plus grave sans doute, qui se pose désormais à moi : « Comment vais-je affronter la mort quand elle sera là, devant moi ? Tout ce que j'ai appris, tout ce que j'ai pratiqué depuis vingt ans, tout cet entraînement en prévision de l'échéance finale va-t-il tenir le choc de la réalité ? »

C'est pour répondre à ces trois questions que j'écris aujourd'hui. Ce livre est aussi l'occasion pour moi de dire « au revoir » à tous ceux qui ont apprécié mes livres précédents, *Guérir* et *Anticancer*, à tous ceux qui sont venus m'écouter parler dans les conférences et les tables rondes, à tous ces lecteurs ou auditeurs avec qui j'ai senti si souvent une connexion immédiate. Cet au revoir, j'ai le ferme espoir qu'il ne sera pas le dernier. On peut se dire au revoir plusieurs fois.

C'est ce que je répète à mes amis qui viennent me voir, parfois de très loin, depuis qu'ils ont appris ma rechute. Quand ils me demandent : « Est-ce que je vais te revoir dans trois mois ? », je leur réponds avec franchise : « Je ne sais pas. » C'est triste, la « cérémonie des adieux ». Mais le plus effrayant serait que ce ne soit pas triste. S'il nous est donné de nous rencontrer de nouveau dans trois mois, je recommencerai avec autant de plaisir et de tristesse. En attendant, je préfère ne pas rater l'occasion de dire au revoir à ceux que j'aime.

Que reste-t-il d'*Anticancer* ?

À la première question soulevée par mon état de santé : « Ma rechute entame-t-elle la crédibilité de la méthode anticancer ? », je réponds catégoriquement non.

D'abord parce que je ne suis pas une expérience scientifique à moi tout seul, je suis un cas clinique parmi d'autres. Les expériences scientifiques brassent les données de milliers, voire de dizaines de milliers de cas cliniques. Les considérations, les recherches, les conclusions, les preuves que j'ai présentées dans *Anticancer* ne sont pas fondées sur mon expérience personnelle, mais sur la littérature scientifique.

Ensuite parce que tous les traitements, qu'ils soient classiques ou expérimentaux, présentent des taux de réussite et des taux d'échec. Il n'y a pas de « cure miracle » contre le cancer, pas de réussite à 100 %, même en médecine conventionnelle, dont on ne compte plus les prouesses. Il n'existe pas de méthode infaillible, pas de chirurgie ni de chimiothérapie qui réussisse à tous les coups. Pas étonnant donc de constater qu'aucun régime alimentaire, aucun entretien de la condition physique, aucune technique de gestion du stress ne soit à même d'éliminer la possibilité d'une rechute.

En revanche, il existe des moyens pour chacun de maximiser ses défenses naturelles en prenant soin de son état général, physique et mental. On peut mettre tous les atouts dans son jeu. Mais le jeu, lui, n'est jamais gagné d'avance.

Que ces méthodes accessibles à chacun renforcent réellement le potentiel naturel d'autodéfense ne fait aucun doute. De nombreuses recherches en ont apporté la preuve de façon indiscutable. Il y a heureusement des médecins et des hôpitaux qui le reconnaissent. Quand les médecins de Cologne ont décidé de m'opérer en urgence, pas une seconde ils ne m'ont dit : « Alors, ça ne marche pas vos brocolis ! » Au contraire, ils m'ont assuré : « Si vous faites tout ce que vous décrivez dans votre livre, vous avez toutes les chances de vous en sortir. »

J'ai beaucoup apprécié cette attitude. Les patients qui se mobilisent pour renforcer leurs propres défenses ont besoin que leurs efforts soient reconnus comme valides. Au lieu de quoi, on entend trop souvent dire : « Faites ce que vous voulez en complément, ça ne fera ni bien ni mal. »

Or c'est faux, scientifiquement faux. Tout mon combat est là. Il existe des tas de « choses » que l'on peut faire légitimement en parallèle avec les interventions de la médecine conventionnelle. Ces « choses » que j'appelle les méthodes anticancer font objectivement beaucoup de bien. Elles contribuent objectivement à l'amélioration du malade, à l'efficacité des traitements, à l'atténuation de leurs effets secondaires, à l'allongement des périodes de rémission et à la diminution des risques de rechute.

Il est par exemple parfaitement établi que l'activité physique permet de supporter beaucoup mieux les chimiothérapies. Du coup, les médecins ne sont pas obligés de réduire les doses, ce qui concourt directement à l'efficacité du traitement ! Idem pour la radiothérapie, pour la récupération après la chirurgie. Les méthodes qui permettent de mieux gérer le stress ont pour effet, c'est prouvé, de réduire les nausées. Les approches anticancer sont en réalité des instruments de santé de premier ordre. Il est inacceptable de ne pas en informer les malades.

Dans mon cas, je suis persuadé que ces approches ont considérablement amélioré ma vie, tant en longévité qu'en qualité. Le diagnostic de ma tumeur au cerveau a été posé pour la première fois il y a dix-neuf ans. Le fait que j'aie vécu toutes ces années avec un cancer agressif – 99 % des personnes qui en sont atteintes ne survivent pas au-delà de six ans… – suffit amplement à légitimer l'idée qu'il était en effet en mon pouvoir de contribuer positivement à mon état de santé.

Le livre *Anticancer* se terminait sur l'aveu que je ne savais pas combien de temps j'allais vivre encore. Mais que, quoi qu'il arrive, j'aurais été heureux d'avoir choisi ce chemin qui consiste à cultiver au maximum toutes les dimensions de ma santé, car ce choix m'avait déjà permis de vivre une vie bien plus heureuse. Je réitère aujourd'hui cette affirmation : il faut nourrir sa santé, nourrir son équilibre psychique, nourrir ses relations aux autres, nourrir la planète autour de nous. C'est l'ensemble de ces efforts qui contribue à nous protéger, individuellement et collectivement, du cancer, même si nous n'obtiendrons jamais de garantie à 100 %.

Le calme intérieur

Combien de fois ai-je entendu mes amis me dire :
« Fais attention à toi… » Ils savaient que je courais
le monde, que j'enchaînais les conférences, les interviews, les projets. Ils pensaient avec inquiétude que je
me surmenais. Je les rassurais en disant : « Oui, tu as
raison, je vais lever le pied. » Mais je ne le faisais pas.

J'ai souvent déclaré que je pratiquais tout ce que
je recommande dans *Anticancer*. C'est vrai dans l'ensemble, sauf sur un point : en m'imposant un rythme
de travail harassant et au total excessif, je n'ai pas
assez pris soin de moi, et ce depuis bien des années.
Ce surmenage remonte en fait à la publication de mon
livre précédent, *Guérir*. Les témoignages d'intérêt et
de reconnaissance que j'ai reçus m'ont rendu si heureux que je me suis donné à fond à la défense de
ces idées. J'ai pris l'habitude de voyager en France,
en Europe, mais aussi en Asie, aux États-Unis, au
Canada. Je me suis infligé d'innombrables décalages
horaires, dont on connaît l'effet négatif sur le système
immunitaire via la production d'hormones de stress
comme le cortisol et le bouleversement des rythmes
naturels de base.

Ce grand dérèglement de mes rythmes biologiques
a culminé l'année précédant ma rechute. *Anticancer*
avait été très bien reçu aux États-Unis et j'étais

constamment sollicité par les médias. La défense de ces conceptions me tenait tellement à cœur que j'en ai purement et simplement oublié de me ménager. En 2009-2010, j'ai fait en moyenne un voyage par mois entre les deux rives de l'Atlantique, et un ou deux déplacements par semaine en France ou en Europe. C'était trop. À la fin de l'année, j'étais littéralement épuisé. C'est à la suite de cela que la tumeur a réapparu.

Avec le recul, je pense que j'étais animé par une envie très humaine d'oublier ma condition, de me sentir « normal », de mener ma vie « comme tout le monde ». Je crois surtout que je me suis laissé aller à une sorte de péché d'orgueil, car j'en étais venu à me sentir quasi invulnérable. Or il ne faut jamais perdre son humilité face à la maladie. Personne ne possède d'arme invincible contre elle, les meilleures techniques de la médecine moderne peuvent être mises en déroute. C'est une grave erreur d'oublier à quel point la biologie est déterminante.

Alors qu'il fallait rester humble, j'ai commis l'erreur de croire que j'avais trouvé la martingale gagnante, celle qui me permettait de demeurer en bonne santé tout en me donnant à fond aux projets qui me passionnaient. J'ai eu la faiblesse de croire que j'étais protégé du seul fait que je respectais un certain nombre de précautions : je surveillais ma nourriture, je me déplaçais quotidiennement à vélo, je méditais un peu et faisais un peu de yoga chaque jour. J'ai cru que cela me donnait toute licence pour ignorer des besoins fondamentaux de mon organisme, comme le sommeil, des rythmes réguliers et du repos.

A posteriori, l'erreur me saute aux yeux. Bien que je ne sois pas une « expérience scientifique » à moi seul, je crois qu'on peut tirer légitimement des leçons de ma mésaventure : il ne faut pas s'épuiser, il ne faut pas se surmener. Une des protections les plus importantes contre le cancer consiste à trouver un certain calme intérieur. Je n'ignore pas que pour tous ceux qui font des métiers pénibles, du travail de nuit, les trois-huit, ce conseil n'est pas facilement applicable. Pas plus que pour ceux qui ont des enfants en bas âge, ou des adolescents, ou qui doivent voyager beaucoup.

Pour ma part, je n'ai pas réussi à trouver ce calme, et aujourd'hui je le regrette. Je n'ai pas su rester proche de la nature et des rythmes naturels. Je suis intimement persuadé que la fréquentation d'un bois, d'une montagne, d'un rivage apporte quelque chose de formidablement ressourçant, peut-être parce qu'elle nous permet de nous caler sur le rythme des saisons, ce qui doit contribuer à l'équilibre et à la guérison de l'organisme. Je ne connais pas d'études scientifiques qui étayent cette intuition. Mais l'idée que l'harmonie avec la nature soit un des moyens de nourrir la santé du corps est cohérente avec toute une série de vérités établies.

L'ordre des priorités

Je connais une Canadienne, Molly, qui a à peu près mon âge et qui vit comme moi avec un glioblastome de stade quatre, mais dans son cas depuis maintenant une dizaine d'années, ce qui représente un véritable tour de force. Elle a subi un traitement conventionnel au tout début, et depuis elle n'a pas connu de rechute. Elle doit peut-être cette rémission exceptionnelle au fait qu'elle est partie vivre au nord de Toronto, dans un isolement quasi complet, et que, chaque jour, elle se promène longuement au bord d'un lac. Quand on lui demande : « Qu'est-ce qui vous aide le plus à tenir la maladie à distance ? », elle répond toujours : « Le calme. C'est le calme qui me protège. »

J'ai pour ma part fait le choix diamétralement opposé. J'étais persuadé que j'avais moins besoin de calme que de pouvoir contribuer au bien-être collectif et jouer un rôle dans la modification des comportements et des conceptions vers une « écologie humaine » plus équilibrée. J'étais trop heureux – je le suis encore – de pouvoir contribuer un tant soit peu à ces évolutions pour songer une seconde à y renoncer. Mais c'est précisément cette satisfaction intense qui m'a poussé à négliger mes limites. Mon activité était devenue tellement prenante qu'elle désorganisait tous mes rythmes et mes rites de vie. Je n'ai par exemple quasiment pas pris de vacances ces dernières années, je ne me suis presque jamais ménagé des plages de repos et de douceur. Ai-je eu tort ? Je suis bien en peine aujourd'hui de juger ces choix, mais s'il m'est donné de le « refaire », je suis décidé à ne plus négliger ces besoins.

La notion de « stress positif » a joué un rôle dans le peu d'importance que j'accordais à la réduction des sources de tension. J'avais découvert, en écrivant mes livres, qu'il existait une variété fascinante de stress, bénéfique tant pour l'esprit que pour le corps, et qui nous pousse à nous dépasser. Grâce à elle, nous découvrons des ressources insoupçonnées au fond de nous-mêmes et réussissons à repousser nos limites. Des études ont montré que des périodes brèves de stress positif pouvaient renforcer le système immunitaire.

Ce stress « bénéfique » est à l'opposé du stress « négatif », mieux connu, qui génère un sentiment d'impuissance et de blocage, ce qui a pour effet de créer de la tension dans l'organisme. Des expériences prouvent que ces situations de stress prolongé sont très nocives chez les animaux et accélèrent les rechutes de cancer. Les études sur les humains vont dans le même sens. On sait que le sentiment d'impuissance affaiblit le système immunitaire et provoque l'inflammation. Ce qui favorise les processus tumoraux, mais aussi toute une série d'autres problèmes, comme les affections cardiaques, l'hypertension, le diabète, l'arthrite…

Si le stress « positif » est sans conteste un des grands moteurs de la puissance vitale, je pense aujourd'hui qu'il agit parfois comme une drogue sur le psychisme. On peut devenir « accro » au stress positif, on peut vouloir « augmenter les doses », on peut « souffrir du manque », et, surtout, « perdre le sens de la mesure ». C'est peut-être ce qui m'est arrivé quand, comblé par mon travail, j'en ai oublié les exigences de mon organisme...

D'où la question de l'importance relative des actions anticancer. Y en a-t-il de plus importantes que d'autres ? Y en a-t-il d'indispensables ? Dans *Anticancer*, j'ai listé un grand nombre de facteurs en me fondant sur des études scientifiques, mais je n'ai suggéré aucun classement par ordre d'importance. En fait, j'ai voulu laisser cet aspect au choix du lecteur, conscient que des recommandations trop nombreuses ou trop contraignantes risquaient de le décourager, là où nous avons au contraire besoin d'être motivés.

Dans la façon dont *Anticancer* a été perçu par le public, les conseils de nutrition, comme de manger des framboises et de boire du thé vert, ont quelque peu occulté les autres recommandations. J'ai moi-même beaucoup insisté sur cet aspect, pensant que si les gens se mettaient à manger sainement, nous aurions déjà fait un grand progrès. C'était aussi la partie du message la plus évidente et la plus simple à appliquer : il est plus facile de manger du poisson et des fruits rouges que de changer ses habitudes de travail ou sa relation avec sa femme.

Bien sûr, *Anticancer* aborde d'autres dimensions au moins aussi importantes, sinon plus importantes. J'ai eu souvent envie de tirer au clair la question des priorités dans les précautions à respecter. C'est un sujet complexe, et les études scientifiques manquent. Chacun doit donc se fier à son intuition.

À la lueur de ma dure expérience, je suis tenté de mettre quant à moi l'accent en premier sur l'absolue nécessité de trouver la sérénité intérieure, et de la préserver, notamment à l'aide de la méditation, des exercices de cohérence cardiaque et surtout d'un équilibre de vie qui réduise au maximum les sources de stress. En second, je place l'activité physique, dont on ne dira jamais assez l'importance. Et en ex aequo, la nutrition, dont je suis heureux de voir que le rôle est désormais reconnu, y compris par certains cancérologues qui ont d'abord contesté mon message au moment de la parution d'*Anticancer*.

Réussir la traversée

La troisième question qui se pose à moi aujourd'hui, c'est celle de la mort. Depuis vingt ans que je vis avec cette épée de Damoclès au-dessus de ma tête, j'ai eu bien souvent l'occasion d'y penser. Bien sûr, étant très investi dans des activités qui me donnaient des satisfactions profondes, mon attention était dans une large mesure détournée des questions ultimes. Mais je n'ai jamais cessé de me demander : « Quand *ça* reviendra, est-ce que je vais trembler de nouveau comme la première fois ? Ou bien les nouvelles priorités de ma vie, toutes les leçons essentielles que j'ai apprises au contact du feu, vont-elles m'aider à affronter cette épreuve avec calme ? »

Aujourd'hui, où je suis plus proche de ces échéances que jamais, je m'aperçois que je réagis dans l'ensemble comme de nombreux patients que j'ai soignés en tant que psychiatre, des malades du cancer ou d'autres pathologies qui devaient affronter la perspective de la mort. Comme beaucoup d'entre eux, j'ai peur de souffrir, je n'ai pas peur de mourir. Ce que je redoute, c'est de mourir dans la souffrance. Cette peur est générale me semble-t-il chez tous les êtres humains, et même chez les animaux.

L'autre nuit, j'étais dans mon lit, allongé sur le côté gauche, c'est-à-dire le côté qui est actuellement handicapé par la progression du cancer. Je voulais me retourner et je ne le pouvais pas. Je sentais une sorte d'engourdissement qui s'emparait de mon corps. Tout à coup, j'ai eu peur que cet engourdissement progresse, qu'il attaque mes muscles thoraciques et finisse par bloquer ma respiration. Je me suis dit : si je ne peux plus respirer, je vais mourir. Je vais mourir là, maintenant, cette nuit, comme ça, sans que personne ne soit là, ni ne sache ce qui est en train de se passer. Et j'ai eu très peur.

Et puis, assez rapidement, je me suis dit qu'après tout, cet engourdissement n'était pas du tout inconfortable. Comparé aux douleurs assez violentes que j'avais subies les jours précédents, c'était une sensation douce, enveloppante, progressive, comme quand on est dehors et qu'il fait très froid. Si je devais mourir de cette façon, plutôt que dans un an après avoir traversé des épreuves infernales, ce n'était pas plus mal au fond. Cette pensée m'a tellement apaisé que je me suis rendormi. Au réveil le lendemain matin, je respirais bien sûr... Et, surtout, j'avais appris que je pouvais vivre ces instants à l'abri de la terreur.

J'ai souvent assisté mes patients au moment où l'espoir de guérir, ou celui d'alléger les symptômes, bascule dans une réalité autre, celle de la mort imminente. J'ai eu le privilège d'observer comment ils entrent alors dans un autre espoir, celui de « réussir » leur mort. C'est un enjeu extrêmement important et un objectif absolument légitime. Après tout, la trajectoire de la vie mène à la mort, elle débouche sur la mort, et j'aime penser, comme beaucoup de philosophes, que la vie est une longue préparation à cet instant souverain. Quand on a renoncé à se battre contre la maladie, il reste encore un combat à mener, celui pour réussir sa mort : bien dire au revoir aux personnes à qui on a besoin de dire au revoir, pardonner aux personnes auxquelles il faut pardonner, obtenir le pardon des personnes dont on a besoin de se faire pardonner. Laisser des messages, arranger ses affaires. Et partir avec un sentiment de paix et de « connexion ».

Avoir la possibilité de préparer son départ est en réalité un grand privilège. Les journaux télévisés, avec leur lot d'accidents et de catastrophes, nous rappellent chaque soir que la mort violente peut surgir à tout instant, fauchant net ses victimes et privant leurs proches de l'étape si précieuse des adieux.

Ce moment crucial, on peut s'y préparer avec l'aide de bons « alliés » : les soignants, les juristes, et bien entendu ses amis et sa famille. Cette épreuve, je la ressens comme vitale, et c'est encore une source d'espoir pour moi que de la réussir. Après cela, que se passera-t-il « de l'autre côté » ? Je ne sais pas.

Dans la vallée des ombres

Comment ne pas être paralysé par la terreur, quand les pronostics plongent, que les voyants virent au rouge, et que les symptômes physiques se mettent au diapason ? Voici un an que cette question se rappelle quotidiennement à mon attention. Je me souviens de ce jour, l'été dernier, où j'ai déjeuné avec ma cousine venue me rendre visite à Cologne. Comme je n'avais pas encore récupéré du strabisme, je l'ai priée de me lire à voix haute un article scientifique consacré au protocole de vaccin dans lequel je m'apprêtais à m'engager. Les auteurs expliquaient qu'une nouvelle recherche était indispensable car – la précision m'a fait l'effet d'une douche froide – « pour le glioblastome de stade IV en cas de rechute, le taux de survie à dix-huit mois est de zéro ». Zéro survivant à dix-huit mois, c'est peu ! C'était la première fois que j'avais affaire à des pronostics aussi drastiques. Un peu dur à avaler au déjeuner.

Un peu plus tard, mon frère Franklin est allé chercher la tumeur extraite de mon cerveau pour la porter à Louvain où le vaccin devait être fabriqué. Un médecin qui passait par là est tombé en arrêt devant la taille hors du commun du tissu conservé dans un flacon : « C'est votre frère, ça ? Écoutez, ce n'est pas la peine d'aller tenter des interventions expérimentales et des protocoles de recherche partout dans le monde. Profitez du temps qui vous reste pour vous dire au revoir. »

Autre flash rouge : au moment de quitter la maison de repos, ma femme, très inquiète des statistiques, a demandé aux médecins : « À quoi dois-je m'attendre ? » La chef de clinique lui a répondu d'un ton amical : « Au stade où en sont les choses, je vous conseille de prendre chaque jour comme un cadeau, et de ne pas penser à autre chose. »

Il y a eu aussi la visite chaleureuse de deux pasteurs, l'un à l'hôpital, l'autre à la clinique de convalescence. Ils passaient dans les chambres avec leur autel portatif replié dans une pochette noire. Bien que protestants, ils se sont débrouillés tous deux pour m'apporter une hostie « empruntée » à un prêtre catholique. Et tous deux m'ont proposé la lecture du célèbre psaume 23, attribué à David, « L'Éternel est mon berger ».

L'Éternel est mon berger, je ne manque de rien.
Il me fait reposer dans de verts pâturages,
il me dirige près des eaux bienfaisantes.

Il restaure mon âme,
il me conduit par les sentiers de la justice,
pour l'amour de son nom.

Quand je marche dans la vallée
des ombres de la mort,
je ne crains aucun mal, car tu es avec moi.
Ta houlette et ton bâton me rassurent.

Tu dresses devant moi une table,
en face de mes adversaires.

Tu parfumes d'huile ma tête,
et l'ivresse est dans ma coupe.

Oui, le bonheur et la grâce m'accompagneront tous
les jours de ma vie,
et j'habiterai la maison de l'Éternel,
tant qu'il y aura des jours.

Si un prêtre vient vous voir avec cette « perle des
psaumes » qui est aussi le cantique de la mort pro-
chaine, ce n'est pas bon signe : il s'est fait briefer,
et l'équipe médicale n'est pas très optimiste... Je
n'en ai pas moins été ravi de recevoir la visite des
aumôniers et ce cantique est devenu mon bouclier
contre la peur.

Quand on est plongé dans ce degré extrême de
maladie, et que les perspectives sont alarmantes, des
peurs enfantines, irrationnelles, primitives peut-être,
resurgissent du tréfonds du psychisme. On est entouré
d'ombres bizarres, de signes inquiétants, de bruits
sinistres. Depuis quelques mois, je m'aperçois que
cette peur prend des formes surprenantes ; je m'endors
avec la hantise, tout à fait inattendue, d'être attaqué
par des vampires et des loups-garous. La dernière fois
que ces créatures maléfiques m'ont fait trembler d'effroi, je devais avoir huit ans. Et voilà qu'elles reviennent peupler mes nuits.

Je devine aisément ce qui se cache derrière ces
oripeaux folkloriques : la peur de ce qui m'attend,
de ce qui me poursuit et en veut à ma vie. Mais
j'ai beau analyser froidement mes émotions, j'ai
beau ne pas ressentir de peur consciente face à la
possibilité de la mort, la nuit venue, je vérifie que
j'ai bien une bombe lacrymogène à portée de ma

main valide, au cas où l'un de ces prédateurs s'approcherait trop de mon lit... Et quand des formes effroyables zèbrent les murs de ma chambre, je me répète la leçon du psaume de David : « Tu es en train de traverser la vallée des ombres de la mort. Ce que tu vois, ce sont les ombres de la mort. Mais tu n'as rien à craindre car l'Éternel est ton berger. Sa main est dans la tienne et il sera toujours là, avec toi. » Je ne suis pas sûr de croire tout à fait à ce providentiel berger divin, mais le psaume 23 exerce un effet puissamment apaisant sur mes angoisses nocturnes.

Une autre pensée a toujours été d'un immense secours depuis que le cancer est entré dans ma vie, et elle continue à fortifier mon âme. C'est de me rappeler l'évidence qu'après tout, je ne suis pas le seul à devoir mourir. Ce n'est pas comme si on m'avait injustement puni, jeté au cachot, à l'eau et au pain sec. Non, tout le monde devra y passer un jour.

Que mon tour arrive plus tôt, c'est triste, mais ça ne constitue pas une injustice monstrueuse. J'ai tout de même eu ma chance : celle d'avoir fait des rencontres extraordinaires, d'avoir connu l'amour, d'avoir eu des enfants, d'avoir eu des frères et des amis exceptionnels, d'avoir laissé ma marque. J'ai vécu des expériences très enrichissantes, cancer compris. Ma vie, je n'ai pas l'impression de l'avoir laissée filer. Si elle devait se terminer à 50, 51 ou 52 ans, ce n'est pas tragique. Vivre jusqu'à 80 ans sans avoir rien réalisé de mes rêves et de mes aspirations, voilà qui aurait été un crève-cœur.

Quand je tiens ces propos à mon cancérologue, il prend un air préoccupé et me suggère de consulter un psychiatre. Comme si j'étais guetté par le fatalisme, le désespoir et la reddition. Pourtant, je ne cède pas un pouce sur le front du combat pour récupérer ma santé. Je suis persuadé qu'être en paix avec soi-même et accepter sa finitude permet d'affecter toute l'énergie disponible au service des processus innés de guérison.

Je ne regrette rien

Mes frères Franklin et Édouard m'ont posé une question difficile : « Si, il y a quatre ans, on t'avait dit qu'en continuant de vivre sur le même rythme tu allais droit vers la rechute, avec cette fois une tumeur bien plus agressive, aurais-tu vécu différemment ? »

J'ai répondu avec toute la sincérité dont je suis capable : « Non. C'est bizarre, mais non. Je préfère le parcours que j'ai eu, même s'il m'a mis au bord du précipice. »

Ma réponse les a stupéfiés : « Tu reconnais avoir gravement négligé les besoins basiques de ton organisme, tu dis que tu es prêt à tout changer, et pourtant tu aurais choisi le même parcours démentiel ! »

C'est contradictoire, je l'admets, ça peut même paraître insensé. Mes frères ont du mal à comprendre ces choix et me reprochent de ne pas avoir pris suffisamment soin de ma santé. Ils ont raison, bien sûr. Mais ma position n'est pas aussi incohérente qu'elle pourrait sembler. Je suis effectivement conscient d'être au pied du mur, et décidé à changer beaucoup de choses dans ma vie. J'ai déjà commencé. Mais quand je repense aux années écoulées, comment pourrais-je oublier combien j'ai adoré faire mon travail, et quelles satisfactions inoubliables j'en ai tirées ? Comment pourrais-je répudier cet élan, même s'il a possiblement contribué à déclencher cette rechute ?

J'ai tenté d'expliquer mes choix en rappelant mes sports préférés : ce sont des activités que je qualifierais d'« aléatoires », comme le surf, le parapente, le canyoning, le ski, etc. Ce que j'aime dans ces sports, ce n'est pas seulement qu'ils se déroulent au contact de la nature, mais surtout qu'ils sont soumis aux éléments, la vague, le vent, le courant…, et doivent s'y plier. Impossible de prétendre contrôler quoi que ce soit : on se jette à l'eau ou dans le vide, et ensuite on tente de naviguer au gré des éléments. Ce degré élevé d'incertitude, ce côté « à la grâce de Dieu », satisfait mon tempérament, et j'en accepte les imprévus et les accidents. Il y a dans l'esprit de ces sports un parti pris d'acquiescement, d'adaptation au monde tel qu'il est, d'humilité même, qui me rappelle, toutes proportions gardées, les grandes intuitions des philosophies orientales.

Je dois confesser qu'il m'arrive de percevoir ma rechute comme un nouveau défi passionnant, quasi vivifiant. Comme si une très grosse vague avait fracassé mon train-train et m'avait plongé dans une mer démontée. Me voici obligé de me poser des questions essentielles, de faire des révisions radicales, d'explorer des territoires « vierges », tout en bataillant pour garder ma tête hors de l'eau. Quelle qu'en soit l'issue, l'aventure aura été passionnante.

Il ne faudrait pas en conclure que je n'éprouve pas de frayeur. J'ai en réalité une trouille bleue. Mais, en même temps, je ressens une sorte d'excitation. Peut-être suis-je drogué aux émotions fortes et au tsunami hormonal qu'elles déclenchent dans l'organisme… Confronté depuis si longtemps à une maladie par définition mortelle, j'ai passé ma vie à me battre et j'ai connu la dangereuse ivresse de ceux qui croient avoir « vaincu la fatalité ». Or le dernier mot revient toujours à la biologie, et c'était assez présomptueux de l'oublier. Mais ces combats exaltants m'ont inoculé un goût probablement excessif pour les épreuves limites et les expériences « difficiles à vivre ».

Cette tendance a été alimentée, sur un plan plus intellectuel, par les bagarres parfois épiques que j'ai dû livrer pour défendre les positions de *Guérir* puis d'*Anticancer*. Ces batailles ont littéralement « chargé » ma vie de sens, comme si j'avais été branché en permanence sur une prise électrique. Une telle « saturation » de sens est une expérience unique à laquelle il m'a été impossible de renoncer.

Me voici en demeure de répondre à ces questions inconfortables : Ai-je « poussé le bouchon » trop loin ? Ai-je établi les bonnes priorités ? Ma vie telle que je l'ai forgée a-t-elle de la valeur ? Mérite-t-elle d'être continuée ? À quelles conditions ? Si je devais la réformer, par quoi devrai-je commencer ? J'espère avoir le temps de trouver les réponses.

L'apprentissage du courage

Mon père, Jean-Jacques, avait des méthodes bien à lui pour nous « apprendre le courage ». Je me souviens de ce séjour en Floride où il me conduisait chaque soir, à l'heure où la mer est la plus calme, à bord d'un bateau de ski nautique pour m'initier à ce sport. Je savais qu'il y avait des requins dans les parages. C'était déjà suffisamment angoissant de jour. Tard le soir, j'étais mort de frousse. Mais requins ou pas, il fallait sauter dans l'eau, sinon mon père se chargeait de m'y jeter. Il n'avait pas peur des requins, lui. Je n'avais qu'à faire comme lui. Les requins, m'expliquait-il, mangent des poissons plutôt que des enfants, et il y a très peu d'accidents. Il estimait que le ski nautique valait la peine qu'on prenne de menus risques. Inutile de dire que j'étais très motivé pour sortir de l'eau à la vitesse de l'éclair, rester très concentré sur mon équilibre et apprendre rapidement à ne pas tomber… Rien n'est plus flippant que de skier entre chien et loup sur des eaux noires où l'on croit deviner l'ombre d'un requin. Rien. Pas même une gravissime rechute de cancer.

J'avais douze ou treize ans la première fois que mon père m'a emmené faire de l'héliski dans les Pyrénées : un hélicoptère nous transportait en haute montagne et nous déposait au sommet d'un glacier. Il fallait le descendre à ski, en évitant les innombrables crevasses et débris qui recouvrent la surface. C'est ce qui fait tout le sel de l'exercice. Une fois, un de mes skis s'est pris dans un gros caillou, j'ai déchaussé et j'ai dévissé, peut-être de cinquante mètres. J'ai eu extrêmement peur. La fois suivante, moins. Quand on a traversé le risque et qu'on a survécu, on n'est plus tétanisé devant le danger. On « apprend le courage ».

C'est exactement ce que voulait mon père, qui était lui-même d'une hardiesse folle. Pas seulement dans les sports de glisse, où il avait une prédilection pour le ski extrême en terrain avalancheux. Vers 1940, alors qu'il passait son bac français à Grenoble, il avait escaladé la façade du lycée et décroché le drapeau à croix gammée suspendu au-dessus du portail. Il avait quinze ans, et portait un short de l'armée anglaise… Dans les moments critiques où il faut « tenir » contre l'adversité, l'idée qu'on a de ce sang-là dans les veines, qu'on a été entraîné au combat par ce trompe-la-mort est d'un grand secours. On continue d'avoir horriblement peur, bien sûr, mais on sait comment ne pas se laisser paralyser par elle. Le courage tel que mon père me l'a enseigné consiste à « tenir bon » quand on tremble comme une feuille, et non pas à prétendre qu'on ignore la peur.

Ayant été formé à cette école de bravoure flirtant avec la témérité, il n'était que normal que je bute sur quelques pépins dans mon enfance. Qu'à douze ans, par exemple, j'aille faire avec un copain un slalom sauvage à ski entre d'énormes poteaux de signalisation, et que je me brise le fémur sur un poteau en acier après avoir dérapé sur une plaque de glace. Trois mois d'immobilisation forcée m'ont mis sur des charbons ardents, sans réussir toutefois à m'assagir.

À quinze ans, j'ai commis une bêtise bien plus coûteuse. Déçu d'avoir perdu une course de natation, j'ai décidé de me consoler en faisant un tour à cheval. Sauf que le seul canasson disponible était non dressé, parqué dans un champ avec une simple corde au cou. D'une race ombrageuse, il avait la particularité de se débarrasser de son cavalier en fonçant vers un obstacle et en pilant sec. Mais l'envie était trop forte. J'avais à peine réussi à me hisser sur son dos qu'il s'est emballé et a galopé comme un fou vers un pommier. Je me suis dit : « Je sais ce que tu veux faire, tu ne m'auras pas », et je me suis accroché à son cou. Mais on ne contrôle pas un cheval non dressé sans selle, sans mors ni brides. Arrivé devant le pommier, j'ai décollé comme un boulet de canon, tournoyé en l'air et suis retombé contre le tronc. Cette chute aurait pu me tuer. Heureusement, c'est ma jambe qui a pris le coup. Je me suis retrouvé sous l'arbre, mon pied gauche absurdement dressé devant mon nez. Et souffrant le martyre. C'était une terrible fracture ouverte. J'ai crié, mais j'étais trop loin du chemin pour être entendu. Au bout d'une interminable heure, un copain a fini par me découvrir et a pu alerter mes parents.

Mon père était très malheureux de me voir souffrir. Mais il ne m'a pas grondé. Il ne m'a pas dit : « Fais quand même un peu attention. » À ses yeux, ces mésaventures étaient inhérentes aux risques incontournables du métier de vivre. Il était persuadé que prendre des coups forge le caractère. De sa formation de pilote de chasse, il avait gardé un style de vie militaire et une fascination inépuisable pour la structure, la hiérarchie, les missions, les objectifs militaires. Sur le plan idéologique, en revanche, il était plutôt antimilitariste et surtout anticolonialiste. Ce qui lui a donné l'occasion de batailler encore, cette fois en menant à la tête de *L'Express* une campagne véhémente contre la guerre d'Algérie – à laquelle il avait dû participer courageusement mais contre son gré – et contre la torture. Il ne dénonçait pas seulement une guerre inique : il préconisait carrément de supprimer le service militaire, qui « faisait perdre trop de temps à trop de gens ».

J'ai été modelé, à la dure, par cet homme passionné pétri de paradoxes, dont la vie est devenue pour moi, avec le temps, une sorte de réservoir d'inspiration et une source d'énergie morale. De l'avoir souvent vu parler en public et défendre ses idées face à des auditoires houleux m'a immensément aidé à affronter à mon tour des débats parfois virulents. J'avais appris très jeune que ces batailles font partie non pas du jeu – il ne s'agit pas de thèmes ludiques – mais de l'effort, du travail.

Même des histoires que je ne connais que par ouï-dire m'ont extraordinairement structuré. Je m'en suis aperçu lors d'un accident assez sérieux que j'ai eu en parapente. Le vent ayant brusquement chuté, j'ai vu un bosquet se rapprocher. Je pensais avoir une chance de passer juste au-dessus et soudain j'ai réalisé que non, je n'étais plus assez haut. En voyant foncer vers moi à une vitesse consternante l'arbre dans lequel j'étais sur le point de m'exploser, des images de mon père jeune pilote de chasse s'écrasant dans une forêt ont flashé dans ma tête. La vingtaine à peine, il avait été recruté parmi les Français libres pour être formé par l'US Air Force en Alabama. Et puis, un jour, ce fut l'accident. Au fur et à mesure que son P-47 se crashait dans les arbres, des branches sautaient en rafales continues le long de ses ailes, jusqu'à ce que son engin finisse par s'arrêter. Il avait dû s'extraire de la carcasse d'une façon un peu acrobatique. Mais il avait survécu, comme j'ai survécu à cet accident de parapente.

Aujourd'hui que je suis père à mon tour, j'avoue être très inquiet quand mon fils Sacha prend des risques inconsidérés. Mais je serais inquiet s'il n'en prenait aucun. J'ai besoin, pour me rassurer, de sentir qu'il est courageux, que quelque chose de l'audace de mon père lui a été transmise à travers moi. Ce n'est pas nécessaire qu'il aille braver les nazis d'aujourd'hui. Qu'il fasse du cheval ou du surf suffit à ma joie et à ma fierté. Sur ce plan, j'ai été entièrement exaucé. Je me souviens de la première fois où je l'ai emmené faire du parapente, à l'âge de huit ans. Avec son instructeur derrière lui, il devait courir vers le bord du ravin, et sauter dans le vide. Je m'étais mis en contrebas pour le prendre en photo, et j'ai pu voir très clairement, au moment où il a décollé, l'incroyable expression de joie qui illuminait son visage. J'étais très fier, ce jour-là. Il avait eu le cran d'y aller sans hésiter ni poser trop de questions. Il aurait même été furieux si je l'en avais empêché. À huit ans, c'est bien.

J'aimerais tant que mes deux autres enfants, Charlie et Anna, gardent aussi de moi une image qui les aidera à se structurer quand je viendrai à manquer, comme j'ai été moi-même façonné par celle de mon père. J'ai pu m'occuper un peu de Charlie, né deux ans avant ma rechute, mais Anna est venue au monde en pleine tourmente. Je n'ai jamais pu prendre soin d'elle. J'espère tout de même leur laisser un peu de cette détermination qui a été ma meilleure sauvegarde dans les moments les plus durs. Et surtout la conviction que, s'ils se donnent à fond à ce qu'ils font, ils peuvent espérer aller loin dans la réalisation de leurs aspirations.

Compagnons de lutte

Je pense très souvent à mon ami Bernard Giraudeau, mort l'été dernier au moment où j'entamais mon propre combat contre la rechute. Bernard était un compagnon de lutte et un véritable exemple pour moi. J'admirais la façon dont il avait su abandonner ses habitudes de grand boulimique prêt à tous les excès, pour se concentrer finalement sur l'existence qu'il avait choisie, se délestant sans pitié de tout ce qu'il jugeait secondaire ou inutile. Cet hédoniste qui adorait rire et qui avait une vraie science des plaisirs m'a appris un peu de cette joie vitale, moi qui ai tendance à prendre les choses avec parfois trop de sérieux.

Bernard avait décidé qu'il était important de se reposer, de prendre des vacances, de savourer le temps qui passe, d'avoir une « bonne » vie. Je me souviens de l'été 2006 à l'île de Ré où nous nous sommes pas mal fréquentés. J'habitais chez ma chère Madeleine Chapsal, aux Portes, où Bernard possédait une maison. Nous faisions parfois de la méditation au petit matin, nous partions nager ensemble. Je suis persuadé que, pour savourer la vie jusqu'au bout comme il l'a fait, il faut avoir trouvé la paix avec soi-même et avec la mort.

L'exemple du psychanalyste québécois Guy Corneau est également une grande source d'inspiration. Il y a deux ans, on lui a diagnostiqué un cancer très grave, un lymphome à l'estomac, à la rate et aux poumons. Mais grâce à un programme très strict combinant des traitements conventionnels et des méthodes complémentaires, comme la méditation, les visualisations ou certains traitements « énergétiques », il s'en est merveilleusement bien sorti.

Il m'a raconté en riant que lorsque son oncologue lui avait annoncé qu'il avait un lymphome de stade quatre, il ne lui avait pas demandé combien de stades il y avait. C'est seulement quand il a été tiré d'affaire qu'il lui a dit : « Alors, il y a combien de stades ? » Le médecin lui a répondu : « Quatre. Vous étiez tout au bout du rouleau... »

Guy attache une importance primordiale au mental. Il a décidé de changer radicalement de vie : il a assaini son environnement, éliminé toutes les sources de stress et choisi d'habiter au contact de la nature. Pour se soigner comme il l'entendait, il a arrêté de travailler et s'est investi à fond dans la méditation et les visualisations. Bien sûr, tout le monde n'a pas la chance de pouvoir en faire autant. Lui, qui avait cette chance, s'en est donné une supplémentaire en appliquant ses nouvelles règles de vie avec une détermination totale. Aujourd'hui que toute trace de tumeur a disparu, il a repris partiellement son activité, bien décidé à ne pas oublier les leçons du cancer.

Comme Bernard, comme Guy, je suis persuadé que quand on est atteint d'un cancer grave, une des tâches les plus urgentes est de trouver et de conserver un certain degré de calme sans lequel mental et physique partent à vau-l'eau. Une des choses qui m'aident le plus à cet égard, c'est la méditation. Je sais bien que lorsqu'on prononce ce mot, la plupart des gens pensent « fumée d'encens », « musique planante » et « moine tibétain assis dans la position du lotus au sommet d'une montagne »... Bien que des moines tibétains retirés dans des ermitages inaccessibles se livrent en effet à des exercices de haute voltige spirituelle, la méditation ne leur est pas réservée. Nous autres simples mortels pouvons aussi, à notre rythme et à notre mesure, pratiquer cette discipline dans un objectif plus modeste : faire du bien à notre santé.

Ordonnance :
rire et méditer

Les effets positifs de la méditation sont si bien démontrés que des centaines d'hôpitaux en Amérique du Nord, et de plus en plus en Europe, enseignent aujourd'hui à leurs patients une méthode mise au point par un célèbre biologiste américain, Jon Kabat-Zinn, à partir du yoga, du zen et de pratiques proches du bouddhisme tibétain. Voici de nombreuses années que je pratique cette méthode, le *mindfulness* – « pleine conscience » en français – avec quelques interruptions suivies de reprises toujours un peu laborieuses au début. Mais, dans l'ensemble, j'ai trouvé le moyen de réserver quinze ou vingt minutes, deux fois par jour, à cet exercice vital.

Je me souviens quand Charlie est né, et que je me levais le matin pour le changer et lui donner le biberon, c'était un plaisir de l'emmener ensuite dans la salle de bains pour ma session de méditation. Assis dans sa chaise haute, il assistait à ma séance de yoga, puis de méditation. Pour un bébé, ça ne doit pas être bien folichon de voir son père méditer. Mais Charlie était d'une patience angélique. Je suppose qu'il attendait le moment, nettement plus rigolo, où je passais aux abdos : chaque fois que je relevais mon buste vers lui, il riait aux éclats.

La pleine conscience est un concept courant dans le bouddhisme. Mais Kabat-Zinn l'a purgé de toute référence religieuse. Tel qu'il l'enseigne, c'est un centrage sur soi et sur la respiration. Il ne s'agit pas de narcissisme. « Gonfler l'ego » n'est pas le but de l'opération. L'objectif est d'obtenir le maximum de présence à soi dans la dimension physique, par l'attention portée à la respiration. Parallèlement, on tend à une raréfaction progressive des pensées, jusqu'à ce qu'il y en ait le moins possible. Le résultat est un état extrêmement reposant où, précisément, on se trouve momentanément débarrassé de la tyrannie du moi. Un état qu'on peut décrire comme « la sensation physique d'être soi, d'être en paix ».

J'ai l'habitude de pratiquer le mindfulness deux fois par jour, matin et soir, confortablement assis sur un coussin de méditation rempli de riz ou d'épeautre, la colonne bien droite pour faciliter la concentration sur les sensations physiques. En ce moment, mes jambes étant très faibles, j'ai du mal à les croiser. Si je suis trop fatigué, je médite allongé, mais cette position est moins favorable à la concentration. Quand je me branche sur ma respiration, sur la qualité de mon souffle, mes pensées finissent par s'apaiser. C'est une sensation d'une douceur infinie. Certes, le but de l'exercice n'est pas de se mettre dans un état « agréable ». C'est ce qu'affirment tous ceux qui méditent, et ils ont raison. Mais je trouve que le fait que ce soit agréable en soi est très motivant pour encourager l'assiduité.

Je n'ignore pas que la méditation reste bien abstraite quand on ne l'a pas essayée. À ceux qui objectent que cela représente une astreinte en termes de temps et d'énergie, Kabat-Zinn répond : « Plus il y a de problèmes, plus il faut méditer. Plus votre vie est compliquée, plus vous avez besoin de méditer – pour vous aider à gérer les problèmes et les complexités. » Dans ma pratique, la question du temps ne se pose plus depuis longtemps, car je sais que ces quelques minutes investies dans le mindfulness me sont rendues au centuple en termes de bien-être mental et physique. C'est comme d'avoir un chien : on le sort tous les matins, sans même se poser de question, qu'il pleuve ou qu'il vente, qu'on soit sur les dents ou qu'on n'ait rien à faire. Avec la méditation, c'est un peu pareil : quoi qu'il arrive, on sait qu'on va s'emmener soi-même prendre l'air…

Depuis quelques semaines, encouragé par l'exemple de Guy Corneau, je tente d'ajouter à ma pratique un élément de visualisation. Il s'agit d'une méthode plus « active » que la pleine conscience, consistant à visualiser les pensées négatives, comme la peur ou la colère, sous la forme d'une fumée noire qui s'exhale à chaque expiration. À chaque inspiration, en revanche, on essaie d'inhaler du blanc ou des couleurs « positives », « vivantes », du jaune, du rouge, du bleu très vifs. Cette ancienne technique bouddhiste m'a été enseignée par un médecin tibétain résidant à Paris. Le but de l'exercice consiste à se « nettoyer » des émotions négatives en les « exhalant » jusqu'à ce que la fumée devienne blanche, « vivante » et gaie.

La méthode n'est pas considérée comme « spirituelle » par la tradition tibétaine. Elle ne vise pas à se rapprocher de la bouddhéité, par exemple. C'est un exercice de yoga mental, censé lutter contre tous les genres de maladies. En quelque sorte un « générique » de la médecine du Tibet. Le « mode d'action » ne consiste pas à aller attaquer tel facteur pathologique à l'œuvre dans telle maladie spécifique, mais à prêter main-forte aux processus innés qui « fabriquent » de la santé.

J'essaie de pratiquer cette méthode tous les jours, même si j'avoue avoir plus de peine avec les exercices de visualisation qu'avec la pacification familière de la pleine conscience. Plus généralement, je m'efforce de rester le plus possible branché sur mes sensations intimes, attentif aux petits mouvements d'âme qui signalent un début de crispation, une joie fugace. Il est important de bien connaître son « paysage intérieur », de savoir à tout moment si l'on se trouve dans la zone de sérénité ou dans la zone de stress, de savoir à quel moment s'opère le basculement, et pour quelle raison. Je tente de discerner, de détecter les sources de tension, et j'apprends à les éviter le plus possible.

Parallèlement, je cherche à identifier ce qui réduit la pression, et je m'y abreuve tant que je peux. Il y faut de l'attention, de la concentration et pas mal de détermination. Après avoir longtemps mis toute mon énergie dans mon activité, j'apprends à explorer pas à pas le pays secret de la sérénité. Étant donné d'où je viens, c'est assez difficile, mais j'avance.

Cultiver la gratitude

Un auteur que j'aime beaucoup, Rachel Naomi Remen, raconte dans son livre, *La Sagesse au coin du feu*, l'histoire de cette femme atteinte d'un cancer qui se rendait seule à ses séances de chimiothérapie. Quand elle en sortait, elle était parfois tellement malade qu'elle devait arrêter sa voiture pour vomir au bord de la route. Rachel lui demande : « Pourquoi vous ne vous faites pas accompagner par une amie ? – Mes amies ne sont ni médecin ni infirmière, elles n'y connaissent rien, explique la femme. Ça ne sert à rien de les déranger. » Rachel lui répond alors : « Bien sûr que ça sert. Ça sert à combattre la solitude et la tristesse. Comme une mère console son enfant qui s'est égratigné le genou en lui mettant un petit bisou sur le bobo. Il en a plus besoin que d'eau oxygénée et de bandage. Le baiser ne soigne pas le saignement, il soigne la solitude et la peine. »

Pendant les jours difficiles, à Cologne, où je récupérais de l'opération que je venais de subir, bien des amis m'ont rendu visite, et ont partagé un repas, quelques heures ou une journée avec le convalescent que j'étais. Ils n'étaient pas médecins, mais leur présence m'a été d'un grand secours. Ce n'est pas si difficile de parler à une personne qui se bat contre la maladie. Il faut écouter son cœur et dire simplement :

83

« Je suis désolé de ce qui t'arrive. Ça me rend très triste. J'espère que tu vas t'en sortir très vite. Dis-moi ce que je peux faire pour t'aider. » Parfois, un simple contact physique, comme de mettre la main sur sa main ou sur son épaule, peut suffire. Un contact qui exprime d'une façon directe : « Je suis là, avec toi. Je sais que tu souffres. C'est important pour moi d'être présent pour toi. »

Je me souviens, dans les jours qui ont suivi immédiatement l'opération, du coup de fil de ma cousine Pascaline. J'étais encore extrêmement fatigué, et je devais dormir pour récupérer. Comme elle appelait de l'autre bout du monde, mon frère a pris sur lui de me réveiller. Je ne lui ai parlé que très brièvement, mais elle m'a dit tout ce que j'avais besoin d'entendre : « Je veux que tu te soignes et je compte sur toi pour t'en sortir, parce que je t'aime et que j'ai besoin que tu continues à être dans ma vie. Ça me fait beaucoup de peine que tu doives traverser ce que tu traverses. Je pense que tu vas y arriver. » Ce n'était pas long, mais c'était parfait.

Quand l'invalidité s'installe, garder sa dignité se révèle de plus en plus difficile pour le malade. On devient dépendant pour des choses aussi bêtes que de mettre un slip. On est souvent exposé dans son intimité. Là aussi, il faut savoir dire des choses très simples : « J'espère que ça ne te gêne pas trop si je fais ceci ou cela ? » Bien sûr, on est parfois obligé d'aller vite, par exemple expédier la douche parce que le déjeuner arrive. Le piège consiste alors à tomber dans un processus mécanique. Mais pour la personne qui est à poil, rien n'est mécanique, et elle redoute par-dessus tout d'être traitée comme un bébé ou un animal.

Le malade, de son côté, doit reconnaître que la tâche de la famille sort de l'ordinaire. Personne n'est habitué à donner une douche à un adulte, ou l'aider à aller aux toilettes, même s'il s'agit d'un mari, d'un frère ou d'une mère... Les proches qui se dévouent ont eux aussi besoin que leur sentiment d'intimité soit préservé et leur dévouement reconnu.

Quand « l'étiquette familiale » est respectée de part et d'autre, que le malade a le sentiment d'être bien soigné et bien entouré, le danger de sombrer dans le pessimisme diminue. En psychologie, les recherches les plus novatrices se focalisent aujourd'hui sur un état très bénéfique pour la santé tant physique que mentale et qui avait été longtemps négligé : l'optimisme. Ma recette pour préserver mon capital d'optimisme, c'est de me concentrer sur ce qui va bien. Chaque jour, je passe en revue toutes les choses, grandes et petites, qui ont été agréables, qui m'ont apporté du plaisir, de la joie ou simplement de l'amusement, et j'éprouve de la reconnaissance. Je cultive consciencieusement mon sentiment de gratitude. Je n'ai pas tant d'efforts à faire : j'adore manger, j'aime bien les « bons » aliments, et j'ai la chance d'avoir d'excellents repas en tout point anticancer, préparés avec amour par ma chère Liliane, qui gouverne notre vie familiale depuis cinquante ans déjà. J'aime bien écouter de la musique aussi. J'aime voir et revoir certains films. J'aime rencontrer et re-rencontrer certaines personnes. Je me fais plaisir tous les jours, plusieurs fois par jour. J'ai beaucoup de chance.

Moments précieux

Quand on n'a pas d'espoir, tout s'arrête, jusqu'à l'envie de suivre les traitements, compromettant la survie elle-même. Pour ma part, je vis encore beaucoup de l'espoir que mes symptômes vont s'arranger malgré leur gravité. Je m'implique énormément dans l'effort de nourrir la vie à l'intérieur de moi-même, de renforcer mes muscles, de calmer le mal de tête et de garder la sérénité. Je travaille à rester en contact avec les gens que j'aime et à me focaliser sur tout ce qui me procure du plaisir à vivre. Ces sources d'espoir, je les cultive attentivement. C'est elles qui donnent envie de vivre jusqu'à demain, puis après-demain, puis après-après-demain… Je suis persuadé qu'il faut tout faire pour aider les malades à conserver leur capacité d'espoir. Il ne s'agit pas de leur servir de pieux mensonges, car il n'est pas nécessaire de travestir la vérité pour donner de l'espoir.

Une des sources d'espoir, quand l'invalidité devient trop pesante, que l'état général se détériore, c'est le plaisir que l'on peut éprouver au contact de ses proches. Dans mon cas, quand je vois mes enfants et ma femme, c'est jour de fête ! Même un simple animal de compagnie peut illuminer la grisaille de la maladie. Il y a bien longtemps, j'avais dû subir une chimio exténuante pendant treize mois. J'avais trouvé un moyen non orthodoxe de calmer mes terribles nausées : c'était de dormir près de mon chien et de le caresser de temps en temps. C'était comme s'il comprenait qu'il avait un rôle à jouer dans mon combat pour la santé. Chaque matin, j'allais courir avec lui. Ou plutôt, il prenait tellement à cœur sa mission qu'il serait plus exact de dire : « Il m'emmenait courir tous les matins. »

C'est une chose que mon chat Titus ne peut pas faire, bien sûr. Mais il me tient très fidèlement compagnie et me fait l'immense cadeau de dormir contre mes jambes. Merci Titus, avec toi, je me sens moins seul la nuit.

À côté de ces fontaines de joie, il y a aussi les petits plaisirs de la vie, dont les plus gratifiants ont toujours été pour moi les activités physiques. L'idée que je vais devoir sans doute renoncer à tous ces sports que j'adore, le vélo, le surf, le parapente…, m'attriste infiniment. Même la marche m'est devenue difficile. Je dois me contenter aujourd'hui de plaisirs plus passifs, comme de regarder un bon film ou de bavarder avec des personnes que j'aime. Je trouve que c'est déjà une grande chance. J'éprouve également bien du plaisir à manger, ce qui est un formidable moteur d'espoir. Quand l'appétit disparaît à cause de la nausée, de l'estomac qui rétrécit, la force de vie prend un sérieux coup dans l'aile.

Un autre des modestes plaisirs auxquels je tiens vraiment beaucoup, c'est le rire. La première fois qu'on m'a diagnostiqué ce cancer, une des rares personnes qui était dans la confidence m'a par hasard vu dans la rue en train de rire avec mon frère. Il m'a lancé un regard de croque-mort, l'air de dire : « Mais comment peut-il rire alors qu'il vient d'apprendre qu'il a un cancer au cerveau ? » Ce regard m'a donné froid dans le dos. Je me suis dit : « Si je dois arrêter de rire au motif que j'ai un cancer, je suis déjà mort. » Et j'ai compris qu'il ne fallait jamais au grand jamais lâcher la faculté précieuse entre toutes de rire de tout cœur. Même quand on est atteint d'une maladie mortelle, il reste de nombreuses occasions de rigoler, et je recommande chaudement de les saisir toutes au vol.

La tentation de Lourdes

Quand j'ai quitté Pittsburgh pour rentrer en France, mes amis et collègues qui étaient au courant de mon cancer m'ont fait jurer d'aller à Lourdes. Aux États-Unis, ce pèlerinage est tenu en très haute estime, et l'idée de se trouver dans le sud-ouest de la France sans passer par la grotte de Bernadette Soubirous paraît inconcevable.

Bien que je me sois engagé à leur rapporter de l'eau de Lourdes, je n'ai pas immédiatement respecté ma promesse. C'est le hasard qui a finalement fait les choses. J'étais parti faire du parapente avec mon frère Édouard dans les Pyrénées. Le vent s'étant levé, nous nous sommes dit : pourquoi ne pas faire un saut à Lourdes ? Et c'est ainsi que j'ai découvert une approche de santé intelligemment conçue pour mobiliser les ressources innées de ceux qui y font appel. En effet, le parcours du pèlerin met en jeu des émotions puissantes – inquiétude, confiance, surprise, sentiment de communion – renforcées par l'atmosphère générale d'introspection, de ferveur et d'attente, le tout démultiplié par l'intense cascade sensorielle orchestrée par le rituel. Bref, on trouve à Lourdes un impressionnant concentré d'action corps-esprit.

Le périple débute par une confession. On prend un ticket et on attend son tour dans une immense salle qui tient du hall de gare, avec des rangées de confessionnaux portant l'indication de la langue pratiquée par le prêtre – presque toutes les langues sont disponibles. Après quoi, on est reçu pour une brève conversation avec un religieux qui vous explique comment tirer le meilleur parti de cette visite. On doit ensuite souffrir un peu en attendant son tour en plein soleil, avant de pénétrer dans le bâtiment des piscines. On se prépare alors pour le moment fort du pèlerinage : on doit quitter ses vêtements, à l'exception d'un simple drap de bain. Tout le monde frissonne, pas seulement pour la fraîcheur soudaine après la canicule de l'extérieur, mais à cause des réminiscences menaçantes que cette foule de personnes déshabillées peut éveiller. Le fait de se mettre « nu devant le Seigneur » déclenche aussi une émotion intense et rare, faite d'humilité et de confiance. Et là, deux « hospitaliers » bénévoles vous saisissent et vous plongent d'un coup dans l'eau glacée en priant à voix haute. Moment de vertige et d'angoisse !

Le rituel de purification s'achève en fin de journée sur une grande procession extrêmement émouvante, suivie d'une célébration en latin si je me souviens bien, sous-titrée en plusieurs langues qui s'affichent sur un écran de retransmission. Tout le monde reprend en chœur les prières chantées. Impossible de ne pas être touché par cette sincérité, cette recherche intime mêlant la souffrance et la foi. Plongé dans cette foule fervente, j'ai pu percevoir une énergie d'une espèce rare, à la fois très humble et porteuse d'une puissante dimension de solidarité, tournée tout entière vers l'espérance de guérison.

Je garde de cette brève visite à Lourdes une impression bouleversante, et j'aimerais pouvoir y retourner.

Le médecin en moi ne peut s'empêcher d'y voir un excellent « investissement » de santé : c'est assez facile d'accès, quasi gratuit, dénué d'effets secondaires, et quand « ça marche », ça marche vraiment, bien que le résultat ne soit pas garanti. Mais après tout, aucun traitement n'offre de garantie… Surtout, ce rituel, affiné par un siècle et demi de pratique, m'est apparu comme un passionnant exemple de méthode pour mobiliser nos capacités innées de guérison.

Aborder le tabou

Pendant les nombreuses années où j'ai exercé comme psychiatre aux États-Unis, j'ai travaillé non pas dans un hôpital psychiatrique où l'on soigne des personnes atteintes de troubles mentaux, mais dans un hôpital général où sont traités des patients souffrant de toutes sortes de maladies physiques. L'hôpital, c'est aussi, dans nos sociétés développées, le lieu où se retrouvent les personnes en fin de vie. Ces patients qui doivent affronter de fortes douleurs, des nausées persistantes, la perte de leurs moyens, etc., présentent souvent des signes d'angoisse, de dépression, des idées suicidaires… On appelle alors automatiquement le psychiatre. Plutôt que de recourir à de belles théories abstraites, je me focalisais entièrement sur l'effort de traiter l'inconfort physique. Avec les bons médicaments et la visite quotidienne que je leur faisais, l'état psychique de mes patients s'améliorait d'ailleurs presque naturellement.

C'est ainsi que j'ai pu soigner de nombreux malades au stade terminal. Je voyais leur état empirer, je les voyais aller de plus en plus mal et pourtant, quand la fin arrivait, je les voyais s'éteindre de façon très douce. Je dirais presque que leur mort se passait « très bien » et qu'au moment de rendre l'âme ils avaient l'air en quelque sorte « heureux ». Je crois que la plupart

92

d'entre eux vivaient la mort comme une transition, un passage de la vie que nous connaissons vers quelque chose d'autre que nous ne connaissons pas. Une transition semblable à la naissance, mais en sens inverse.

Ces exemples m'ont toujours paru encourageants, voire consolants. Ils démontrent que la souffrance n'est pas forcément de la partie, contrairement aux croyances très répandues selon lesquelles mourir fait mal, que « passer la porte étroite » est en soi générateur de souffrance. Les gens pensent au fameux rictus des agonisants, qu'ils interprètent comme une expression de douleur. En réalité, au moment de la mort, tous les muscles se contractent ; ceux du visage créent alors fugacement ce rictus. Mais je sais, pour y avoir assisté bien des fois, qu'il est très rapidement remplacé par une expression de grande paix. La mort n'est pas douloureuse en soi, elle se passe même le plus souvent dans une atmosphère tranquille, comme si on s'endormait.

En revanche, certaines maladies terminales peuvent être extrêmement douloureuses et c'est ce dont il faut s'occuper. Heureusement la médecine a aujourd'hui les moyens de calmer presque toutes les douleurs. Il faut que les soignants fassent un effort particulier pour mettre en place le traitement nécessaire, mais la douleur n'est plus une malédiction. Le problème de ces médications, c'est que, à hautes doses, elles peuvent induire de la confusion mentale, et grignoter la présence à soi-même et à la vie. Beaucoup redoutent l'effet de ces substances, et je les comprends. Ils ont besoin de toute leur lucidité pour ressentir encore l'amour et le soutien de leur famille. Ou pour pouvoir faire leurs adieux à leurs proches. Mais, dans l'ensemble, la morphine telle qu'on sait l'administrer actuellement est capable de lutter très efficacement contre la douleur. C'est apaisant de le savoir.

Toute mon expérience m'amène à penser que, pour affronter au mieux la maladie, il est indispensable de se poser la question de la mort. Cette question hante en réalité tous ceux qui souffrent d'affections graves comme le cancer, même s'ils n'en parlent pas. Dès qu'on dit : « J'ai un cancer, je suis tel ou tel traitement », la mort est dans le tableau. Impossible de le nier. Je suis persuadé qu'il est préférable de mettre le sujet sur la table, de l'envisager dans toutes ses dimensions, pratiques et symboliques, pour que le moment venu elle se déroule au mieux. Au point où en sont rendues ces personnes, c'est au fond « le » sujet le plus important de leur vie et il vaudrait mieux qu'elles ne passent pas à côté.

Mais en même temps, le simple fait d'en parler peut provoquer chez le patient l'impression, souvent fausse, que sa fin est imminente, ce qui peut être source d'une énorme angoisse. L'entourage a donc tendance à éviter le sujet tant que l'état de la personne ne s'est pas nettement dégradé. Mais alors, il est bien souvent trop tard, car le malade est hors d'état d'en parler ou même d'y réfléchir.

Mes échanges avec mes patients m'ont enseigné qu'il n'existe pas de « bon » moment pour aborder le sujet. On peut le faire n'importe quand, à condition de ne pas brusquer le malade, ne pas lui donner le sentiment que « c'est fichu », de rester dans l'ambiguïté et la nuance, même si ce n'est pas simple. Oui, la mort peut arriver, mais ce n'est pas couru d'avance et la guérison n'est jamais exclue.

Avec mes patients en fin de vie, je préparais par mes visites quotidiennes l'instant où je pouvais finalement demander : « Est-ce que vous vous posez parfois la question de savoir ce qui se passerait si le traitement ne marchait pas ? » La voie était alors ouverte pour évoquer la possibilité de leur disparition, ce qui me permettait d'évaluer le niveau de leur angoisse, et de déterminer s'il s'agissait de peurs que nous pouvions essayer de désamorcer.

Pour certaines personnalités très fragiles, penser à leur propre mort est inimaginable. C'est au sens propre au-dessus de leurs forces. Il ne faut pas les violenter. Mais ces cas sont assez rares. J'ai pu constater que l'immense majorité des personnes accueillaient au contraire la question presque avec soulagement. La mort leur faisait bien sûr peur. Mais comme elles ne voulaient pas en faire porter le poids à leurs proches, elles restaient terriblement seules avec leur angoisse. Elles attendaient qu'on leur donne l'autorisation d'en parler.

Le tabou brisé, l'atmosphère ne doit pas tomber dans la morosité. Il faut ensuite pouvoir regarder ensemble un film comique, se raconter des blagues belges, partager un bon repas et surtout continuer à vivre. Ce n'est pas utile de revenir sans cesse sur le sujet, ce qui serait aussi insupportable que de recevoir l'extrême-onction tous les jours.

Testament jubilatoire

La tâche la plus ardue, la plus redoutable sans doute, consiste bien sûr à prendre les décisions concernant l'avenir des enfants. Il faut s'asseoir avec son conjoint et dire : « Tu sais, il y a quelque chose de difficile dont je voudrais te parler… Je ne sais pas combien de temps je vais être encore là. Ce serait se voiler la face que de prétendre que tout ira bien. Il y a des choses qu'on peut prévoir pour nos enfants. Si ça te va, sache que moi, ça me rassure d'en parler, de savoir que les choses sont en place. Il n'y a que toi qui puisses m'aider à le faire. » C'est une conversation bouleversante, profondément rassurante aussi. Je peux en témoigner. Que je puisse ne plus être là pour voir grandir mes enfants et pour les protéger est une très grande source de douleur pour moi. La seule idée qui ait le pouvoir de me rasséréner, c'est que je leur laisse une excellente mère qui saura les aimer et les protéger.

Dans ces instants chargés d'émotion, il faut essayer de ne pas en « faire trop », d'éviter de tomber dans le piège du pathos. On peut naturellement évoquer la douleur de ceux qui restent, mais trop de pathos risque d'entraîner des idées noires, ce qui est inutile et nuisible. Se focaliser sur l'aspect pratique est au contraire très bénéfique, car

l'action concrète est toujours préférable aux rumi-
nations négatives. On peut parler des funérailles,
du lieu où l'on souhaite être enterré, du testament.
Ces questions génèrent beaucoup moins de détresse
qu'on ne le pense.

J'ai été très surpris de découvrir à quel point la
rédaction d'un testament peut être jubilatoire. Elle
suscite un sentiment de maîtrise totale et en même
temps de générosité, de don, de transmission. Je me
souviens aussi d'une conversation pleine de rires
que j'ai eue récemment avec mon frère Édouard, au
cours de laquelle nous avons dressé la « playlist »
des musiques et chansons à diffuser au moment – je
ne suis pas pressé… – où je serai en train d'ago-
niser.

Je dois avouer qu'il m'arrive assez souvent de
penser à mon enterrement, mais pas sur le mode
morbide. Si j'osais, j'écrirais presque le scénario
de mes funérailles. Avec tous ces participants qui
seront si bien disposés et qui diront tant de paroles
gentilles à mon propos, l'atmosphère débordera de
bienveillance. Plus aucune polémique agressive, plus
d'attaque gratuite. Ce sera comme le point d'orgue
de ma vie, une apothéose en quelque sorte. Quel
dommage d'être le seul à ne pas assister à un tel
événement ! Mais jusqu'à présent, je n'ai pas cédé
à la tentation et me suis abstenu de dicter mes ins-
tructions. Suis-je réellement le mieux placé pour
m'occuper de ces détails ?

Ma longue expérience d'accompagnement des
mourants m'a peut-être un peu aguerri face à la
terreur de la mort. Je n'oublie pourtant pas que l'on
peut perdre toute sa belle sérénité quand l'heure
sonne. Si j'ai vu bien des personnes s'éteindre

tranquillement, j'en ai parfois vu aussi certaines qui ne manquaient pas de courage mourir dans l'angoisse. Il n'est pas exclu que cela m'arrive également. Je me garderais bien d'être arrogant sur ce point. Et je demande à mes proches de ne pas trop m'en vouloir s'ils constatent que je tremble au seuil de la mort.

Le souffle d'Emily

Emily, morte à l'âge de vingt-quatre ans, est depuis longtemps une sorte d'ange gardien, d'ombre bienveillante planant au-dessus de ma vie. C'était une merveilleuse jeune fille que j'ai eu le privilège de soigner en tant que psychiatre il y a bien des années à l'hôpital de Pittsburgh. Elle souffrait d'une forme très rare de cancer, une tumeur des surrénales qui était remontée par la veine cave et avait envahi le cœur. Jolie, souriante, douce, très intelligente et extrêmement généreuse, elle faisait des études à l'université de Harvard quand elle a appris sa maladie. Elle se spécialisait dans l'éducation, et bien qu'étant l'héritière d'une des plus grandes fortunes de Pittsburgh, elle voulait revenir après son diplôme pour travailler dans les écoles des quartiers défavorisés. C'était aussi une grande sportive : elle avait été championne d'aviron.

Pendant les derniers mois de sa vie, j'ai eu la chance de la rencontrer très souvent. Je l'aidais comme je pouvais pour soulager les résidus de souffrance psychique laissés par les blessures de l'enfance. On faisait de l'hypnose, de l'EMDR. Malgré la peur de mourir, malgré la douleur physique, elle a conservé jusqu'au bout une sérénité profonde et une capacité exceptionnelle à se tourner entièrement vers les autres.

C'était très étonnant à voir, presque déstabilisant. Elle était éblouissante, elle rayonnait comme une sainte. Je n'étais pas le seul à éprouver pour elle un respect et une gratitude infinie. Tous ceux qui l'ont connue gardent l'impression qu'elle a, d'une façon mystérieuse, maintenu le contact avec ceux qui l'ont aidée à la fin de sa vie, et que, de là où elle se trouve aujourd'hui, elle essaie à son tour de les aider dans les épreuves de la vie.

À la suite d'une dangereuse opération qui avait failli lui coûter la vie, Emily était restée longtemps en unité de réanimation, jusqu'à ce que sa situation revienne peu à peu à la normale. Plus tard, elle m'avait raconté l'expérience étonnante qu'elle avait vécue alors qu'elle était entre la vie et la mort. Elle en avait des souvenirs très précis : elle s'était trouvée dans un tunnel, et, au bout de ce tunnel, une lumière blanche très apaisante l'avait attirée. Mais son heure n'était pas venue : elle avait dû à regret rebrousser chemin et réintégrer son pauvre corps meurtri.

Quatre ou cinq de mes patients m'ont fait de tels récits. Ils s'exprimaient spontanément, sans que je les sollicite. Je dois dire qu'au début, j'ignorais jusqu'à l'existence de tels phénomènes, à l'époque absents du cursus des études médicales. On les connaît mieux aujourd'hui et on estime qu'entre 8 et 15 % de la population (selon les pays) ont expérimenté ces états limites connus sous le nom d'EMI (expérience de mort imminente). Ce nombre est en augmentation, ne serait-ce qu'à cause de l'efficacité croissante des techniques de réanimation après arrêt cardiaque, qui permettent de sauver de plus en plus de vies. Le terme « imminent » est d'ailleurs un peu inexact, car la plupart de ces patients ont connu une véritable mort clinique avant de « revenir à la vie ». Ce sont au sens propre des « ressuscités ».

Depuis les ouvrages des pionniers des années 1970, ceux de la Suissesse Elisabeth Kübler-Ross et du psychiatre américain Raymond Moody, les travaux de recherche se sont multipliés. Plusieurs scénarios ont été proposés pour expliquer les EMI, de l'hypothèse hallucinatoire à celle d'une conscience qui survivrait à la mort. Toutes les études s'accordent sur un point : quelle que soit l'origine ethnique ou religieuse, quelle que soit l'époque (le mythe d'Er chez Platon pourrait être un des plus anciens témoignages), quelle que soit l'interprétation donnée par la personne qui a vécu l'expérience, certains facteurs sont presque toujours présents : le passage menant vers la lumière ; la lumière d'amour ; le sentiment de paix, de joie céleste ; les parents et amis morts attendant à la sortie du tunnel ; l'envie de « rester » avec eux ; le retour « imposé »…

Mes patients avaient eux aussi connu un épisode de mort clinique, dont ils avaient été arrachés par l'acharnement des équipes médicales. Généralement, leur état ultérieur s'en ressentait : ce n'est tout de même pas excellent pour la santé de mourir, même transitoirement. Mais ils affirmaient presque tous que, grâce à cette expérience, ils n'éprouvaient plus aucune peur de la mort, et même qu'ils anticipaient ce moment avec plaisir… Certains parlaient de leur EMI d'une façon déroutante, un peu comme s'ils avaient fait un grand voyage au Japon et qu'ils en étaient revenus… Comme ils étaient issus de milieux très divers et de régions très dissemblables des États-Unis, leurs interprétations divergeaient quant à la définition de la fameuse lumière blanche : c'était Jésus, Dieu ou juste l'Amour... Mais ils l'avaient tous ressentie comme une extraordinaire énergie aimante qui les avait plongés dans un bonheur qu'ils avaient beaucoup de peine à décrire. Ils n'en étaient « revenus » que parce qu'ils y avaient été « obligés »...

Lumière blanche

Ayant aperçu leurs chers disparus dans l'auréole de la lumière d'amour, les « voyageurs » des EMI n'avaient qu'une envie : rester « de l'autre côté ». Ils m'expliquaient que, dans les jours et les semaines précédents, ces êtres aimés s'étaient mis à apparaître dans leurs rêves, ou à leur rendre visite en « fantômes » amicaux, ou encore à s'inviter dans leurs pensées involontaires. C'était comme s'ils voulaient les préparer pour le grand passage. Et le jour venu, ces grands-parents, parents, frère ou épouse disparus étaient là à la sortie du tunnel pour les accueillir. Mes patients étaient si contents de les retrouver ! Mais on leur avait dit : « Tu n'es pas prêt, il faut que tu retournes sur terre. » Et ils s'étaient réveillés dans leur lit d'hôpital avec l'impression terrible d'avoir été chassés du paradis.

Bien qu'étonné, surtout au début, par ces récits d'outre-tombe, je me suis bien gardé de prendre ces patients pour des « fous ». En psychiatrie, le concept de « folie » est assez précis. Il renvoie à des croyances et des comportements qui 1) ne sont pas nécessaires au fonctionnement de la personne et 2) lui portent préjudice. Il ne suffit donc pas que quelqu'un exhibe des croyances et des comportements inhabituels pour mériter le qualificatif de « fou ». Il peut s'agir de quelqu'un qui est un peu « à côté » de son époque (un original, un artiste, etc.), ou même « en avance » sur elle (un visionnaire).

Prenons le cas de Jésus – ou celui de saint Paul, de Mahomet et d'une foule d'autres prophètes. Un psychiatre un peu borné dirait que Jésus était schizophrène, parce qu'il avait des visions et qu'il entendait des voix ; ou qu'il était bipolaire ou maniaco-dépressif parce qu'il alternait les épisodes d'exaltation et les périodes d'abattement. Alors, faut-il penser que Jésus était un psychotique ? La question semble d'autant plus pertinente que ses idées et actions lui ont valu une fin peu désirable, ce qui correspond au second critère de définition de la folie.

À mon humble avis, il vaut mieux renoncer à ces conceptions étroites et réductrices, et voir en Jésus un grand esprit très en avance sur son temps et peut-être tous les temps. Quant aux personnes qui « traversent la mort », elles en reviennent parfois avec des croyances qui les rendent plus fortes. Je n'en conclurais certainement pas qu'il est permis de se raconter n'importe quel bobard, pourvu qu'il nous donne l'illusion de la force. Mais ne plus être terrifié par la mort, c'est tout de même appréciable ! Ne serait-ce que pour le recours qu'elles offrent contre l'angoisse, ces expériences méritent d'être étudiées. Pour un scientifique, elles constituent d'ailleurs les seules données disponibles sur une réalité aussi capitale que difficile à cerner.

Sur un plan plus intime et plus modeste, je peux dire que, dans l'étape inconfortable où je me trouve aujourd'hui, ces témoignages me semblent plus précieux que jamais. J'en accepte l'inévitable dimension mystérieuse ou « mystique ». En revanche, je n'y trouve aucun argument en faveur de tel ou tel dogme religieux.

Au fond, ce que ces idées ont de si satisfaisant pour moi, c'est qu'elles m'offrent une vision de la mort compatible avec mon profond, mon éternel besoin de « relationnel ». Être en lien avec les gens a toujours été d'une importance centrale dans mon économie personnelle. Quand il m'est arrivé de ne plus l'être, même transitoirement, j'ai sombré rapidement dans la tristesse et j'ai senti que mon énergie vitale s'évaporait. Si elle est comprise comme une coupure de toutes les relations, la mort devient pour moi une vision de cauchemar : en perdant la vie, je perdrais tout lien avec mon terreau nourricier, je me retrouverais condamné à une solitude absolue… Certes, je n'ignore pas que les trépassés sont censés ne plus rien sentir. Mais l'idée du noir désert privé d'amour me glace.

Au contraire, la perspective de rejoindre l'ensemble des âmes humaines et animales dans un univers baigné de lumière, de connexion et d'amour, a tout pour me ravir. Bien sûr, rien ne prouve que les visions des EMI soient le reflet d'une quelconque « réalité ». Il se pourrait bien qu'elles ne soient rien d'autre que l'œuvre hallucinée d'une poignée de neurones chahutés par le cocktail chimique du trépas. Mais au point où j'en suis, je préfère imaginer que ma mort ressemblera au fameux tunnel débouchant sur la lumière blanche. Ce serait délicieux d'être accueilli par les vagues lumineuses d'amour, et par toutes les personnes que j'ai tant aimées et qui sont mortes avant moi, mon père, ma grand-mère, et ce grand-père que j'adorais.

De l'amour

Depuis que mon bras et ma jambe gauches sont paralysés, que les symptômes ne semblent pas vouloir céder, je me dis que le cancer peut s'emballer à tout moment. Le temps est donc venu de faire le bilan de ma vie. Qu'ai-je fait de bon, et de moins bon ? Qu'ai-je réussi, qu'ai-je manqué ?

Le domaine où j'ai le moins réussi, je dois l'avouer, est celui de l'amour. Pour une raison mystérieuse, je n'ai pas su aimer les femmes comme j'aurais aimé les aimer. C'est comme si j'étais resté trop souvent en surface – pas toujours tout de même. C'est un de mes plus grands regrets.

Quand j'étais très jeune, j'avais la tête farcie d'idées imbéciles à ce sujet. L'amour, c'était une chose que l'homme imposait à la femme car elle était par essence récalcitrante. La seule façon de procéder, c'était de la subjuguer. Une histoire d'amour, c'était d'abord une histoire de conquête, puis une histoire d'occupation. Un pur rapport de force dans lequel l'homme avait intérêt à se maintenir dans la position dominante. Pas question qu'il se « laisse aller », même après qu'elle s'est rendue. Sa mainmise étant illégitime, il devait « surveiller » constamment sa conquête, il devait la garder sous sa coupe s'il voulait éviter qu'elle se rebelle. Impossible d'imaginer une relation harmonieuse, un rapport fondé sur l'échange, ou une quelconque égalité des partenaires.

Je me demande encore d'où me venaient ces idées idiotes qui ont pourri mes histoires d'amour jusque vers mes trente ans. Avec cette conception impérialiste en tête, je m'efforçais de me conduire en puissance occupante. Ma quête amoureuse se résumait à la recherche d'un domaine à conquérir. Résultat : j'aimais, parfois comme un fou, mais je n'étais pas aimé. Ou plutôt, même quand j'étais aimé – ça arrivait quelquefois – je ne m'autorisais pas à me sentir aimé. Car j'aurais alors dû poser les armes et accepter de ne plus être maître à bord.

Les histoires que j'ai vécues à cette époque de grande imbécillité m'ont laissé un affreux goût de frustration. J'avais par exemple la conviction intime que les femmes étaient ainsi faites qu'elles ne s'intéressaient pas du tout à l'amour physique. Mais il n'y avait pas que le sexe. Elles ne s'intéressaient en réalité à rien. Ça ne leur parlait que moyennement d'aller se promener, de voir un film, ou de dîner dans un restaurant sympa. Alors que de mon côté je pouvais prendre un vrai plaisir à sortir en amoureux, à dîner dehors...

Il arrivait bien entendu qu'une femme soit ravie de partager ces choses avec moi, et même qu'elle ait très envie de faire l'amour. Mais je tenais le cap impérialiste sans fléchir. Pas question de me laisser troubler et encore moins influencer.

Quelle tristesse d'avoir perdu tant de temps et d'occasions de bonheur ! Vingt ans plus tard, il en reste encore quelque chose : ma femme se plaint souvent que je ne sais pas trop me laisser aimer... Heureusement, j'ai fini par me débarrasser de ces idées grotesques. Vers la trentaine, j'ai fait un bond quantique qui m'a projeté à des années-lumière, dans un univers enchanté où les femmes étaient douées d'intelligence et pouvaient partager avec moi une foule d'intérêts communs. J'ai cessé de jauger celle que j'aimais à l'aune d'un modèle idéal et dont elle ne pouvait sortir que vaincue. J'ai compris que le mieux, en amour comme en tout, est l'ennemi du bien et que la recherche de perfection est délétère.

J'ai finalement été capable de vivre de vraies histoires d'amour avec des femmes qui étaient mes égales humainement et intellectuellement. J'ai pu abandonner le rôle frustrant de « tuteur ». J'ai appris qu'il y avait bien plus de plaisir à donner et recevoir qu'à dominer ou à s'imposer par la séduction. Bref, je suis devenu assez fréquentable en amour. Bien qu'il me reste encore l'impression d'être parfois perdu dans un territoire inconnu où je n'ai guère de repères et dont je ne sais pas toujours déchiffrer les signes.

La découverte métaphysique de ce que peut être une relation amoureuse plus authentique m'a apporté une récompense inattendue : l'esprit d'égalité au sein du couple s'est étendu bizarrement à ma relation avec mes patients. J'ai commencé à avoir avec eux, si ce n'est un lien amoureux, en tout cas un lien affectif et fondé sur le respect. Quelle extraordinaire découverte pour le jeune médecin assez arrogant que j'étais ! Je n'avais plus besoin de me contraindre à une posture de contrôle ou de domination. La relation pouvait être à double sens, et je pouvais m'enrichir de toute l'humanité de mes patients…

Cette transmutation s'est produite parallèlement aux épreuves bouleversantes que j'ai traversées lorsque ma tumeur a été diagnostiquée. Me découvrir fragile, mortel, souffrant, effrayé, m'a ouvert les yeux sur l'infini trésor de la vie et de l'amour. Toutes mes priorités en ont été bouleversées, jusqu'à la tonalité émotionnelle de mon existence. Le fait est que je me suis senti beaucoup plus heureux après qu'avant, ce qui est tout de même inattendu.

J'ai senti également une sorte de naissance spirituelle. Moi qui étais le scientifique type, rationaliste et athée, je me suis trouvé en quelque sorte « en état de grâce ». L'épreuve m'avait rapproché de Dieu, et c'était devenu tellement crucial pour moi que quand je faisais mes exercices de méditation, je me surprenais à essayer de parler à Dieu, de communiquer avec lui. Je lui demandais de me maintenir dans cet état extraordinaire de bonheur et d'ouverture. Je le remerciais de la grâce que m'avait apportée la maladie. Et je lui promettais que je me servirais de cette lumière pour aider les autres dans la mesure de mes moyens.

Cette vie devenue incandescente, je l'ai vécue puis, inexplicablement, je l'ai perdue. Plus tard, des mystiques avec qui j'en discutais m'ont révélé que c'était un phénomène assez courant : on trouve « la grâce » et on la perd. Certains consacrent le reste de leur vie à tenter de la retrouver…

Je suis heureux d'avoir connu pareille merveille, même brièvement. Quand je pense à la façon dont ma vie en a été transfigurée, je souhaite que tout le monde puisse un jour connaître cette expérience – de préférence sans opération au cerveau. C'est au fond le but de la psychothérapie, et c'est ce qu'elle réalise quand elle « marche ». Les personnes qui ont été aidées par les méthodes efficaces comme l'EMDR (thérapie fondée sur les mouvements des yeux), les TCC (thérapies comportementales et cognitives) ou la méditation,

expérimentent quelque chose de l'ordre d'un jaillisse-
ment, d'une renaissance. Je suis persuadé aussi que
ce but peut être atteint tout autant si l'on adopte un
mode de vie respectueux de l'écologie globale (celle
de la nature et celle des relations humaines), un mode
de vie que j'ai appelé « anticancer ». J'exprimais ce
souhait à la fin de mon livre : si on évite tout ce qui
abîme la vie et favorise au contraire tout ce qui la
nourrit, on pourra développer les merveilleuses ressources cachées au fond de soi. On aura un regard
neuf sur ce qui nous entoure : la nature, nos enfants,
notre travail. On découvrira sa capacité à donner avec
générosité et à recevoir avec gratitude. Tout cela, qui
est capital, n'est pas réservé aux malades du cancer
ou d'autres affections graves.

Interactions vitales

Il y a une vingtaine d'années, à l'époque où j'étais chercheur en neurosciences, j'ai beaucoup étudié les structures neuronales. J'étais frappé par le fait que le fascinant et vaste réseau de connexions qu'on appelle le cerveau est composé de cellules qui, prises individuellement, ne sont ni très « intelligentes » ni très « compétentes ». Mais dès qu'elles interagissent entre elles, elles donnent naissance aux facultés mentales les plus brillantes, comme la perception, l'intelligence, la créativité, la mémoire, etc. Ces phénomènes, que nous qualifions d'« émergents » parce qu'ils dépassent infiniment les capacités des entités dont ils sont issus, sont en réalité le fruit des actions et rétroactions qui ont constamment cours entre tous les neurones.

J'ai compris plus tard que le corps tout entier fonctionne aussi sur ce modèle de réseau : le foie interagit à chaque instant avec les reins, qui interagissent avec la tension artérielle, avec la qualité du sang, la production d'urine, les cocktails d'hormones, etc. Tout comme les systèmes de neurones, l'organisme produit lui aussi des propriétés émergentes. Et, comme pour le cerveau, ces propriétés constituent une sorte d'« intelligence », cette « intelligence du corps », que nous sommes plus habitués à désigner sous le nom de « santé ».

Qu'est d'autre la santé, en effet, que la résultante d'un fonctionnement harmonieux et équilibré de tous les systèmes qui constituent l'organisme ? Quand ce fonctionnement se détraque, il ne sert à rien de s'acharner sur l'organe qui a l'air de flancher, le foie, le sang, le cœur, etc. Il faut chercher à restaurer l'équilibre de l'ensemble.

Toute la sagesse des médecines ancestrales, qu'il s'agisse de l'ayurveda, de la médecine chinoise ou de la tibétaine, est d'avoir compris que soigner, c'est rétablir l'équilibre au sein du corps et non pas se focaliser sur tel « problème » particulier. C'est cette vision qu'on appelle « holistique » qui m'a inspiré quand j'ai créé à Pittsburgh un des tout premiers centres de médecine intégrative où étaient proposées des approches à la fois classiques et complémentaires. Je suis persuadé que les traditions antiques ont beaucoup à nous apprendre. Il serait extrêmement utile de les étudier, de faire une sorte de « tri » et d'intégrer certaines de leurs pratiques à notre panoplie de soins.

Si nous commencions à adopter un point de vue plus systémique au sein de notre propre médecine, ce serait déjà un pas en avant. Par exemple, devant une articulation douloureuse, si nous tentions de soigner non pas cette articulation-là, mais le problème plus global d'arthrite qui affecte l'organisme. Certes, il est parfois utile d'intervenir sur un point particulier, comme l'appendice quand sa dysfonction met en péril tout l'organisme. C'est l'immense réussite de la médecine moderne, que je suis le premier à applaudir, d'avoir trouvé des méthodes efficaces dans les situations de crise comme un infarctus ou une pneumonie. Mais on ne peut ni comprendre ni préserver la santé si on se fonde sur le modèle étroit de telle ou telle intervention. La santé ne peut se concevoir qu'à l'échelle de l'organisme, voire à celle de la nature, tant il est vrai que tout est interconnecté.

Je suis très heureux de voir que les médecins auxquels j'ai le plus affaire en ce moment, les cancérologues, commencent à s'ouvrir à une vision plus systémique de leur métier. Ils ont cessé de se focaliser exclusivement sur « la tumeur ». Ils intègrent progressivement la notion plus riche de « terrain » et s'intéressent maintenant à la nutrition, à l'activité physique, à la dimension psychologique… Cette attitude n'a rien de mystique, ni d'ésotérique, elle est tout simplement holistique.

Si l'on prend l'exemple classique des antibiotiques qui tuent toutes les bactéries, les bonnes comme les « méchantes », on sait parfaitement qu'ils déséquilibrent la flore intestinale et provoquent des diarrhées. Une vision holistique consiste à prescrire en parallèle des bactéries pour préserver la flore intestinale, et c'est heureusement ce que bon nombre de médecins font déjà. Ces tendances vont atteindre de proche en proche la chimiothérapie, la radiothérapie, et même la chirurgie. Il existe déjà tout un éventail de préparations qui ont pour résultat de diminuer les saignements, d'atténuer les douleurs postopératoires, etc. Il est inadmissible de ne pas les mettre en pratique à l'hôpital.

À un niveau plus général, je suis persuadé que la médecine a atteint la limite d'un modèle fondé sur la recherche du « médicament miracle ». Il existe quelques maladies que nous pouvons soigner très bien avec un seul médicament : l'insuline, par exemple, pour le diabète. Un traitement formidable qu'il ne faut certainement pas jeter aux orties. Mais on ne voit pas comment on pourra trouver « le » médicament qui résoudra des problèmes de plus en plus systémiques, comme l'obésité, le cancer ou l'hypertension artérielle. On peut espérer réduire la tension artérielle grâce au médicament, on ne soignera pas le problème de fond de cette façon. On ne pourra pas trouver « la » molécule contre la maladie des artères coronaires, car cette affection touche l'ensemble des artères : aucun médicament ne peut les « nettoyer » toutes. En revanche, la preuve a été apportée que trente minutes de vélo d'appartement, cinq fois par semaine, étaient plus efficaces à cet égard que la pose d'un stent !

En réalité, les deux types d'approches sont utiles et – c'est là toute ma conviction – parfaitement complémentaires. Un patient qui fait un infarctus, on ne le met pas sur un vélo. On lui pose un stent sur-le-champ, et on lui sauve la vie. Mais dans les mois et les années qui suivent la crise cardiaque, il vaut mieux qu'il fasse du vélo, sinon le stent se bouchera à nouveau !

Le principal obstacle au développement de cette médecine intégrée, c'est qu'elle n'offre aucune occasion de gagner beaucoup d'argent. Quand un laboratoire pharmaceutique découvre un médicament ou met au point le stent, c'est le jackpot : le brevet va rapporter des sommes fabuleuses. Mais si on découvrait qu'en se massant un certain point d'acupuncture on pouvait réduire de 30 % le besoin d'anti-inflammatoires, ce principe ne serait pas brevetable ni ne pourrait alimenter une industrie. Seule la Sécurité sociale pourrait y trouver son compte, mais pour des raisons difficiles à comprendre, ce n'est pas non plus le cas.

Mes amis américains nous envient beaucoup notre protection sociale. Ils imaginent que, pour des raisons d'économie, elle est ouverte à des approches intelligentes de santé. Je le croyais moi aussi. Je pensais que la Sécurité sociale serait intéressée par les études tout à fait probantes qui établissent l'efficacité d'interventions comme l'acupuncture ou le yoga sur certaines affections. Il est par exemple démontré que deux points d'acupuncture réduisent de 60 % les besoins de morphine après une opération. Pour m'être souvent occupé de vieilles personnes après une chirurgie, je n'ai aucun doute sur l'intérêt de réduire les doses. Car les personnes âgées sous morphine deviennent confuses, font des cauchemars, ont des hallucinations. Elles tombent de leur lit la nuit et se cassent le col du fémur. Et elles finissent par mourir à l'hôpital. Quel que soit le plan sur lequel on se place, humain, médical ou économique, la seule chose rationnelle à faire c'est de leur prescrire cette acupuncture. Tragiquement, on ne le fait pas. Pourquoi ? La seule explication que j'ai pu trouver, c'est que ça ne fait gagner de l'argent à personne.

J'ai tout de même eu la naïveté d'aller suggérer à des responsables de la Sécurité sociale de consacrer un petit pourcentage de leur budget à l'exploration de voies nouvelles pouvant entraîner des économies substantielles. Je suis tombé de haut. Les administrateurs que j'ai pu rencontrer – des hommes intelligents et dévoués par ailleurs – étaient tellement obnubilés par l'idée de limiter les dépenses qu'ils semblaient incapables de comprendre l'intérêt d'investir un minimum pour trouver des façons d'économiser…

À travers la santé, on s'aperçoit qu'on touche de plus en plus à toute une série de questions brûlantes qui constituent le problème de fond de notre époque. Il a été très bien résumé par mon ami Michael Lerner : « On ne peut pas vivre en bonne santé sur une planète malade. » C'est là où la santé rejoint l'écologie globale. Une discipline s'est même constituée sur cette interface : l'écomédecine, dont Michael Lerner est précisément le fondateur au niveau mondial. Elle se préoccupe des problèmes de santé publique liés au téléphone portable, aux pesticides, aux fertilisants, aux radiations (dont on a pu entrevoir l'importance avec le drame de Fukushima au Japon). Mais aussi à l'eau potable ou à l'industrie agro-alimentaire.

C'est d'ailleurs du côté de l'agro-alimentaire qu'est venu un mouvement assez inattendu et extrêmement encourageant de remise en cause des vieux schémas. Je pense au rôle joué récemment par les mouvements de consommateurs et la prise de conscience que les aliments qu'on nous vend nous empoisonnent. On a pu observer d'ailleurs un beau phénomène de réseau : l'intérêt des consommateurs a déclenché celui de la presse, qui a entraîné en retour une plus grande prise de conscience. Résultat : les Casino, Carrefour et autre Monoprix ont été obligés de suivre, et l'on voit partout se créer des rayons bio et des lignes de produits naturels.

Cet exemple représente un grand espoir, celui de changer en profondeur le système entier de l'agriculture. De plus en plus d'agriculteurs se rendent compte qu'ils doivent passer au bio, pas seulement pour le bien de leur terre, ou de leur propre santé, mais également pour des raisons économiques, le bio permettant d'augmenter un peu les revenus de leur travail. Il est grand temps. Pensons par exemple à la vigne. Savez-vous que le vin contient mille fois la dose de pesticide tolérée dans l'eau potable, histoire de lutter contre le phylloxéra ? C'est peut-être une logique industrielle compréhensible, mais sur le plan de la santé publique, c'est tout simplement démentiel. Or on a des solutions : le vin bio existe, et je parie que les amateurs de vin ne supporteront pas longtemps d'absorber un bouillon de pesticide sous prétexte de boire un bon cru.

Quant à notre façon de traiter les animaux dont nous nous nourrissons, c'est à la fois délirant et ignominieux. Depuis que je sais par exemple comment sont élevés les poulets en batterie, je suis devenu incapable d'en manger. Une vaste prise de conscience est en train d'avancer à grands pas, et j'ai la conviction que l'industrie agro-alimentaire va devoir assez rapidement remettre en cause son système destructeur à la fois pour l'environnement et la santé publique.

S'il n'y a qu'un exemple à rappeler, c'est celui des pesticides et des fertilisants. Leur usage massif entraîne la destruction des sols et la contamination de notre nourriture. Puis, quand ils sont lessivés par les pluies, ils polluent les rivières et la mer, induisant des phénomènes dangereux comme la prolifération des algues vertes et le changement de sexe de certains amphibiens et poissons. En se retrouvant dans nos assiettes, ils contribuent à l'augmentation dramatique des cancers.

L'écologie nous apprend que toute forme de vie est l'expression d'échanges au sein d'un réseau. La terre elle-même ne fonctionne que comme un réseau où tout interagit avec presque tout en permanence. Là aussi, ces interactions génèrent des propriétés émergentes qui constituent l'« intelligence de la terre ». C'est cette intelligence que nous sabordons quand nous violons délibérément les équilibres naturels. Heureusement, nous en avons pris conscience, et la compréhension des mécanismes de réseau est à mes yeux le progrès majeur des trente ou quarante dernières années.

Une commission de l'INSERM l'a reconnu : la responsabilité de facteurs environnementaux est considérable dans l'épidémie de cancers actuelle. Ces facteurs vont de la pollution atmosphérique aux radiations, en passant par la gamme infinie des molécules chimiques présentes partout autour de nous. C'est à la racine du problème qu'il faudrait s'attaquer : mettre fin à l'empoisonnement de l'environnement et réformer l'industrie agro-alimentaire. Au lieu de quoi 97 % de notre effort de recherche est tourné vers les méthodes de soin et de détection… Je suis de ceux qui pensent que notre santé est intrinsèquement liée à celle de notre environnement. Guérissons notre planète pour nous guérir.

La caresse du vent

Dans la colonne positive de mon bilan, j'inscrirais volontiers mon activité professionnelle. Je pense avoir bien travaillé, peut-être un peu trop, au vu des conséquences, mais je ne regrette pas de m'y être donné à fond. J'ai appris des choses passionnantes dont je me suis servi ensuite avec bonheur pour contribuer au « bien commun ». J'ai l'impression d'avoir été utile, ce qui donne à mes yeux beaucoup de sens à ce que j'ai vécu.

Mon cancérologue me raconte que des patients viennent le voir presque chaque jour, *Anticancer* en main, et discutent de ce qu'ils peuvent faire pour apporter « leur » pierre au dispositif de lutte contre leur tumeur. Ces patients, qui étaient jusque-là englués dans le découragement, lui disent soudain : « En fait, il y a des choses que je peux faire pour vous aider à m'aider. » Leur comportement change : ils appliquent les traitements avec plus de discipline, de courage et de volonté. Mon cancérologue est ravi de voir ces patients échapper à l'abattement, dont on connaît maintenant l'effet négatif sur les pronostics de rémission et de survie. Je n'ai pas de mots pour décrire la satisfaction que j'éprouve à l'idée d'avoir un tant soit peu redonné confiance et espoir à ces malades – mes frères – dans la tourmente.

Rien ne me touche plus que ces lecteurs qui, quand ils viennent me demander une dédicace après une conférence, me disent : « Grâce à vous, j'ai repris espoir et je me suis mis à me battre vraiment. Vous m'avez fait comprendre que je pouvais faire quelque chose pour moi-même. » Je suis chaque fois extraordinairement ému et heureux, j'ai l'impression de leur avoir fait un précieux cadeau : la révélation qu'il existe une source de force en soi. Dans mes dédicaces, je leur parle souvent de celle qu'ils ont en eux. S'ils y pensent, ils sont déjà à moitié « sauvés ». Même si leur tumeur ne disparaît pas ou si le traitement échoue, d'avoir pris une part active dans leur destin suffit à les « réconcilier » au fond d'eux-mêmes.

Selon Marshall Rosenberg, le grand génie qui est l'inventeur de la communication non violente, la principale source du sens de la vie c'est de contribuer au bien-être de ceux qui nous entourent. C'est vrai de tous les hommes, et probablement aussi des animaux. On le constate par exemple dans le cadre professionnel. Des études montrent que ce qui rend les gens fiers de leur travail, ce n'est pas tant leur salaire ou leur statut hiérarchique. C'est la conviction que les produits qu'ils fabriquent ou les services qu'ils proposent contribuent au bien-être des gens. C'est pourquoi certains métiers ont un indice de satisfaction supérieur à d'autres. Cette satisfaction n'est d'ailleurs pas réservée à ceux qui ont un emploi : toutes les relations humaines sont des occasions en or pour apporter sa pierre au bonheur d'autrui.

À cet égard, la famille est un lieu exceptionnel. Contribuer au bien-être de son conjoint est délicieux. Contribuer à celui de ses enfants est proprement jubilatoire. Rien ne donne plus de sens à notre existence.

Mes enfants font partie des plus belles réussites de ma vie.

Pourtant, quand je pense à Charlie et Anna, qui sont si petits, j'éprouve une grande tristesse. Moi qui parle sans cesse de « contribuer », je crains de ne pas pouvoir le faire pour ces êtres charmants qui en ont le plus besoin. J'espère tout de même leur laisser une image qui les aidera quand ils grandiront. J'imagine les messages vidéo que j'enregistrerai à leur intention en me mettant devant ma webcam, et les lettres que je leur écrirai. Je leur parlerai de ce que j'espère pour eux, de ce que je vois déjà en eux. De la source de leur élan. Je leur dirai comme je suis triste de ne pas être présent dans leur vie. Et aussi ma conviction qu'ils ont en eux-mêmes ce qu'il faut pour grandir en mon absence : le souvenir, même ténu, même indirect, qu'ils garderont de moi, et surtout la force de leur mère.

Bien sûr, tant que je conserve l'espoir de guérir, je remets le projet à plus tard. Je ne suis pas pressé. Mais je tourne dans ma tête les mots que je leur destine. Le moment venu, j'espère être suffisamment en forme pour enregistrer ces messages. C'est d'ailleurs un bon exercice à faire, même quand tout va bien : savoir ce que nous dirions à nos enfants si nous devions mourir demain.

Avec Sacha, j'ai eu le bonheur d'aborder directement le sujet. Le fait qu'il vive loin est depuis longtemps une cause de souffrance pour moi. Quand nous nous sommes vus à Noël, je lui ai suggéré de revenir habiter en France avec sa mère. Je lui ai dit que je ne savais pas encore combien de temps j'allais être là. Que je souhaitais que nous passions ces quelques mois proches l'un de l'autre. Il m'a regardé et a fondu en larmes : « Tu sais, papa, c'est si difficile d'avoir un papa malade... »

Nous avons pleuré ensemble. C'était dur, mais c'était possible d'en parler. Et pour tous deux, ce moment a été à la fois bouleversant et très « utile » en ce qu'il nous a permis d'exprimer l'un à l'autre notre peine. Je sais que Sacha est désormais habité par le chagrin. Chaque fois que j'entends sa voix au téléphone, que je vois son visage sur l'écran, je suis frappé par sa tristesse. Mais j'aime croire que ce moment d'émotion partagée lui sera doux quand il cherchera à me retrouver dans son souvenir.

Il m'arrive de fantasmer qu'en grandissant mes enfants se sentiront enveloppés d'un fin voile protecteur, comme si une force bienveillante flottait sur eux. Comme si, en m'en allant, je leur avais laissé quelque chose de moi, une part immatérielle qui ne peut être vue, entendue ni touchée... Mais qui peut être ressentie comme une force d'amour inconditionnel toujours prête à les soutenir, à les animer, à les pousser.

Il m'arrive même d'imaginer que cette part de moi soit douée de conscience et qu'elle réussisse d'une manière ou d'une autre à soutenir ceux que j'aime dans leur deuil. Ce serait merveilleux de pouvoir insuffler à mes enfants de la force, du courage et le désir de contribuer au bonheur général plus tard quand ils seront grands. Après quoi, je passerais tout à fait « de l'autre côté », le cœur en paix.

Je sais que l'image de mes grands-parents et de mon père continue de vivre en moi. C'est une vérité psychologique bien connue : quand nous perdons un proche, une personne aimée, quelque chose de ce qu'ils nous ont apporté continue de vivre en nous et de nous inspirer. Nos morts vivent dans nos cœurs.

C'est la forme d'« immortalité » la plus consolante et celle à laquelle je tiens le plus.

J'aime cette phrase tirée d'une lettre qu'un homme avait envoyée à sa femme au moment de partir pour la guerre civile américaine. Il avait assez peu de chances d'en revenir. « Si je ne reviens pas physiquement, lui écrit-il, n'oublie pas que chaque fois que tu sentiras la brise sur ton visage, ce sera moi qui serai revenu t'embrasser. » Cette intuition, j'aimerais la partager avec ma femme et mes enfants. Qu'au moment où ils sentiront la caresse du vent sur leur visage, ils se diront : « Tiens, c'est papa qui vient m'embrasser. »

TABLE